Das erste Jahrhundert nach Corona

AF290267

EDY LEISIBACH

Das erste Jahrhundert nach Corona

Ein neues Zeitalter
mit neuen Paradigmen

FSC
www.fsc.org
MIX
Papier aus ver-
antwortungsvollen
Quellen
Paper from
responsible sources
FSC® C105338

Bibliografische Information der Deutschen Nationalbibliothek:
Die Deutsche Nationalbibliothek verzeichnet diese Publikation
in der Deutschen Nationalbibliografie;
detaillierte bibliografische Daten sind im Internet
über dnb.dnb.de abrufbar.

© 2021 Edy Leisibach

Satz, Umschlaggestaltung, Herstellung und Verlag:
BoD – Books on Demand, Norderstedt

ISBN: 978-3-7526-6324-2

Inhalt

Vorwort

Der Corona-Virus, welcher am 31. Dezember 2019 in der Stadt Wuhan erstmals bestätigt wurde, hielt die ganze Welt in den nachfolgenden Monaten im Bann. Die Regierungen vieler Staaten verfügten einen „Lockdown", die Wirtschaft stand still, die Menschen verharrten in „Schockstarre". In einer Welt, in welcher alles machbar schien, in welcher immer mehr desselben zum System gehört, war plötzlich verordnete Ruhe angesagt.

So schnell, wie das Schreckgespenst gekommen war, so schnell war es aus den Köpfen der Menschen wieder verschwunden. Der Sommer lockte ins Freie, die Menschen wollten Freiheit, soziale Kontakte, Ferien und Fussball, Elemente, welche scheinbar das Menschsein ausmachen.

Doch Corona liess die Menschen so schnell nicht wieder los, erschien immer wieder mahnend und forderte unsere Gesellschaft auf: Stopp ... Abstand halten ... Nicht nur der körperliche Abstand zwischen den Menschen, auch die bisherigen Gewohnheiten, gesellschaftlichen Gepflogenheiten und das selbstverständlich gewordene Konsumverhalten waren plötzlich in Frage gestellt.

Wollte uns Corona darauf aufmerksam machen? Treibt unsere Gesellschaft in eine tödliche Sackgasse aus unübersichtlichen Finanzgebilden, Bankrotterklärungen der Politik, Darwinismus der globalisierten Wirtschaft, Verherrlichung des Faustrechts mit globalisierten, weltwirtschaftlichen Mitteln wie Sanktionen und Strafzöllen, Konsumwut und Gier? Will der kleine Corona-Virus uns zu einer anderen, überlebensfähigen Zivilisationsform führen?

Schnell wurde es augenscheinlich, wir haben nicht nur eine Corona-Krise, wir haben eine ernsthafte gesellschaftliche Krise, wir sind mit unserem Luxus-Zug auf die falsche Schiene gefahren.

Das Buch möchte auf die Chance der Veränderung hinweisen. Corona zwingt uns geradezu eine Denkpause auf. Sie zu nutzen und sich zu überlegen, ob es sich lohnt, einen neuen Weg nach Corona einzuschlagen, wäre sinnvoll. Ein neues Jahrhundert nach Corona, mit neuen Paradigmen. Macht es Sinn, in der gewohnten Art und Weise weiterzuhasten? Macht es Sinn, immer mehr desselben so schnell wie möglich wieder zu erreichen? Wäre jetzt der Zeitpunkt, dieses „Immer-mehr-desselben" zu überdenken und neu und kreativ zu beurteilen und zu hinterfragen? Etwas haben soll keine ehrenwerte Grösse mehr darstellen, sondern das, was wir nachhaltig bewirken, für einen lebenswerten und überlebensfähigen Planeten.

Es ist verständlich, dass viele Menschen so schnell wie möglich wieder in den „alten Zustand" zurückkehren möchten, weil es bequem und einfach ist, sich in altbekannten bisherigen Gewohnheiten treiben zu lassen, weil unsere bisherige Spassgesellschaft scheinbar Glück und Wohlstand bedeuten, weil das Geld fliesst und die Wirtschaft boomt. Aber zu welchem Preis?

Sehr vieles in unserer Gesellschaft läuft hervorragend, bedeutet Fortschritt, Wohlstand und ein erfülltes Leben. Es gibt aber Elemente, welche zu überborden drohen und drauf und dran sind, alle unsere Fortschritte mit sich in den Abgrund zu reissen, wie dies in allen Hochkulturen vor uns schon geschehen ist. Sie zu betrachten und zu korrigieren lohnt sich, insbesondere jetzt, wo uns der winzige Virus zurückhält und Abstand fordert, auch gedanklichen Abstand zu unserem Tun.

Fortschritt ist nicht ein ruhe- und rastloses Dahinhasten. Fortschritt bedeutet innehalten, den richtigen Weg immer wieder suchen, wie ein Wanderer in weglosem Gelände den Weg korrigiert, bevor der Abgrund unausweichlich vor ihm steht.

In diesem Buch werden einige Themen aufgegriffen, welche zu überdenken sich geradezu aufdrängen, im klaren Bewusstsein, dass es noch andere Themen gibt, welche wir jetzt, wo uns eine virologische und eine gesellschaftliche Krise eingeholt hat, überdenken sollten.

Wir können die Pandemie als eine wertvolle Zeit betrachten, in welcher wir uns aufraffen, um nachzudenken, zu hinterfragen, um nicht einfach ruhe- und rastlos weiterzuhasten, in immer demselben Muster.

Wenn jetzt unser einziger Gedanke ist, so schnell wie nur möglich wieder das „Wie-gehabt" herbeizuführen, dann haben wir die grosse Chance einer sinnvollen Erneuerung vertan.

Das Buch bietet keine Lösungen an, es versucht Ansätze anzudenken, Gedankengänge aus unserem Alltag an eine nachhaltige Welt. Wir alle sind gefordert, nicht nur die global agierenden Imperien.

Die Welt vor Corona

Vorerst eine kurze Rückschau, ein kleiner Blick zurück auf die kurze Menschheitsgeschichte resp. auf den winzig kleinen Teil unserer Geschichte, an den wir uns heute noch erinnern können und an den wir uns krankhaft klammern.

Die Welt vor Corona in einem kleinen, kurzen Kapitel beschreiben zu wollen, ist unmöglich. Wir haben Hervorragendes geleistet und eine Hochkultur aufgebaut, welche einmalig ist in der Menschheitsgeschichte. Es ist uns gelungen, tief in den Weltraum vorzudringen, auf anderen Planeten und sogar auf deren Monden zu landen und wichtige Informationen über die Entstehung des Lebens und des Universums zu erforschen.

Es ist uns gelungen, tief ins Innere der Materie einzudringen und die Zusammensetzung der Atome zu bestimmen. Wir sind den Bausteinen des Universums auf der Spur und der Frage: Warum gibt es uns überhaupt?

Jede Hochkultur ist bisher wieder zerfallen, aus Hochmut, aus Übermut, oft wegen kleinen Fehlentwicklungen. Ist auch unsere Hochkultur an diesem Wendepunkt? Wenn ja, welche Fehlentwicklung wird den Untergang unserer Kultur herbeiführen? Können wir diese Fehlentwicklung rechtzeitig erkennen und einem Untergang entgegenwirken?

Es lohnt sich, diesen Gedanken nachzugehen. Sind wir am Wendepunkt unserer Hochkultur angelangt und zerstören wir sie, wie alle vorangehenden Kulturen sich auch zerstört haben? Drei Themen finde ich erwähnenswert, weil es sich lohnt, diese „Werte" als mögliche Fehlentwicklung zu überdenken: der Wirtschaftsliberalismus, die Globalisierung und die Börse.

Der Wirtschaftsliberalismus

Liberalismus enthält die Freiheit zu wirtschaften und ist eine Bewegung, welche aus der englischen Revolution des 17. Jh. hervorging. Ziel des Liberalismus von damals war die Freiheit des Individuums, Gerechtigkeit und die Möglichkeit, sein eigenes Leben selbst zu gestalten. Er richtete sich gegen Staatsgläubigkeit, gegen Willkür und Machtmissbrauch. Der Liberalismus von damals ging von der Annahme aus, dass wir sozial und real denkende Wesen sind, und hat die Machtgelüste und die Gier des Menschen völlig unterschätzt.

Daher steht der heutige Wirtschaftsliberalismus immer mehr in einem Widerspruch zu Gerechtigkeit, Nachhaltigkeit und einem gelingenden Leben und ist genau zum Gegenteil von dem geworden, was aus den Wurzeln der Aufklärung im 17. Jh. entstand. Dieser Wirtschaftsliberalismus, welcher den Staat des 21. Jh. in Geiselhaft genommen hat und ihn immer mehr zwingt, mittels Tiefsteuerstrategie und Gesetzesanpassungen Konzerne, Reiche und Superreiche zu begünstigen mit dem Vorwand, Arbeitsplätze zu schaffen, dieser Liberalismus engt die Menschen ein. Er unterscheidet sich kaum mehr vom stalinistischen Sozialismus, wo ein paar wenige den Rest der sozialistischen Welt unterdrückten.

Der westliche Wirtschaftsliberalismus zerstört genauso wie der stalinistische Sozialismus die Grundlagen des Lebens und die Freiheit, ein selbstbestimmtes Leben zu führen. Er zerstört eine funktionierende

Umwelt und eine funktionierende Gesellschaft und lässt ein paar wenige Superreiche immer grösser werden, während der Rest der Welt immer mehr in Richtung Armut zurückfällt. Die Schere Arm – Reich geht immer rasanter auseinander, fördert Unzufriedenheit und bringt die Menschen auf die Strasse.

Der „freie Markt" ist die alles bestimmende „Gottheit" geworden. Denjenigen auf der Sonnenseite der freien Marktwirtschaft kann nichts mehr passieren, weil sie sich die Politik gekauft haben, während die anderen, die „Kleinbürgerlichen", sich noch so anstrengen können; ihre Lage verändert sich kaum. Kleinbürgerliche sind wir alle. Der ehemalige US-Präsident und Immobilienmogul Donald Trump erklärte es im Wahlkampf 2020 klar: 400 Millionen Schulden sind „Peanuts", worüber es sich nicht lohnt, zu reden. Wer unter einer halben Milliarde mitläuft, ist kleinbürgerlich.

Die kleinbürgerliche Mehrheit der Gesellschaft wird aber immerhin noch geduldet, weil sie durch Konsum das System am Leben erhält. Die Alten, welche nur noch Rente beziehen, sind geduldet, weil sie durch ihren Tablettenkonsum die Pharmaindustrie am Laufen halten.

Tragisch dabei ist, dass viele Kleinbürgerliche, welche es zu einem kleinen Vermögen geschafft haben, sich oft schon zu den VIP der Weltwirtschaft zählen und diese ungerechten Strukturen mittragen und mithelfen, sie zu zementieren. Die Grossen der Weltwirtschaft lassen ihnen diesen Glauben, denn sie sind treue Jünger ihrer Lehre.

Der Freisinn, heute die politische FDP, ist eine Richtung innerhalb des Liberalismus, ein „Schutzverein für die Freiheit", welcher im 19. Jh. entstand. Lange war alles klar, die FDP war die Wirtschaftspartei, welche das Monopol hatte, die Wirtschaft in der Politik zu vertreten.

Inzwischen ist es mehr oder weniger allen Menschen klar geworden: Wir alle sind die Wirtschaft und jede Partei vertritt die Wirtschaft, je nach Interessenlage etwas anders. Eine Finanz- und Kapitalwirtschaft, vertreten durch die FDP, ohne intakte Natur, vertreten durch die Grünen, führt ins Leere. Wirtschaft ohne den arbeitenden Menschen, welchen die SP vorgibt zu vertreten, ebenfalls. Dabei ist alles so komplex, dass sogar die FDP grüne Interessen vertritt, wenn es um Wähleranteile geht, und die SP der Finanzwirtschaft kräftig unter die Arme greift, wenn sie damit Stimmen fangen kann.

Mit der Globalisierung verschob sich der Begriff „Wirtschaft" immer weiter weg von Menschen und Natur. Nicht mehr wir alle sind Wirtschaft. Wirtschaft sind diejenigen, welche die Finanzindustrie, die Rüstungsindustrie, die Rohstoffindustrie und die Pharmaindustrie beherrschen und sich dabei die CEOs mit Millionensalären kaufen. Es sind die Grossaktionäre mit dem unaufhaltsamen Streben nach unendlichem Mehrwert der Aktie und der Dividende. Grossaktionär ist man, wenn der Verkauf des eigenen Aktienpakets einen Industriezweig ins Wanken bringen kann. Wirtschaft ist heute „immer mehr desselben", ganz gleich zu welchem Preis.

Aus dem einstigen sinnvollen und zukunftsführenden liberalen oder freisinnigen Gedankengut wurde in einem falsch verstandenen Wirtschaftsliberalismus der Leitsatz geprägt: „Die Gewinne der freien Marktwirtschaft, die Verluste dem Staat", ganz egal, welche Verluste der Natur und der Umwelt dabei zugefügt werden. Dass wir Teil der Natur und Umwelt sind, scheint den wenigsten Global Playern und Hohepriestern der Wirtschaft klar zu sein.

Damit veränderten sich auch die Werte des Menschen und der menschlichen Gesellschaft. Nicht das, was der Mensch bewirkt, bringt ihm in der heutigen Gesellschaft Wertschätzung, sondern nur das, was er, mit welchen Mitteln auch immer, besitzt. Eine fatale Fehlentwicklung in unserer Hochkultur.

Die Globalisierung

Als Vorläufer der Globalisierung kann man den Kolonialismus der Europäer bezeichnen, welche ihre Kolonien unter ihren Einfluss bringen wollten. Es geht und ging immer nur darum, Macht und Einfluss an sich zu ziehen und die vorhandenen Rohstoffe in den Kolonialreichen auszubeuten.

Für den gewöhnlichen Bürger, sofern er sich überhaupt dafür interessierte, entstand der Eindruck, mit der Globalisierung, welche ungefähr 1960 begann und mit der Expansion der US-Firmen auf internationale Märkte verbunden war, werde die Welt eins. Es entstand das Bild von einer Erde, welche uns allen gehört, und einer globalisierter Weltwirtschaft, welche für uns alle zum Segen wird. Welch fataler Irrtum!

Was sind die Ziele der Globalisierung? Wachstum des Welthandels, Wachstum der Investitionen, Wachstum der Finanzmärkte, Wachstum bei den Unternehmensfusionen und dies alles auf einer Erde, welche keine unbeschränkten Ressourcen zur Verfügung hat.

Das Bild des Segens einer globalisierten Weltwirtschaft zum Wohle aller entpuppte sich sehr schnell zu einer Realität, in welcher die Privilegierten dieser Globalisierung in Nord und Süd nur ein paar wenige vermögende Kapitalbesitzer waren, die Milliardäre. Ihnen hat die Globalisierung der Ökonomie, welche auf Kosten der übrigen

Bevölkerung, der Natur und der weltweit zur Verfügung stehenden Ressourcen erfolgt, einen immer grösseren Teil des weltweit erwirtschafteten und wachsenden Wohlstandes eingebracht.

Der Boom geht Hand in Hand mit Korruption, politischer Unterdrückung, verheerender Umweltzerstörung, massloser Ausbeutung von Belegschaften und Rohstoffen und oft krimineller, ungesetzlicher Sanktionspolitik von Seiten der Grossmächte und jener Staaten, welche gerne Grossmächte wären und alles tun, um bei „den Grossen" mitreden zu dürfen.

Die globale Wirtschaftsmaschinerie ist in einen brutalen Niedrigpreis- und Konkurrenzkampf geraten, weil derjenige die Absatzmärkte gewinnt, welcher preis- und kostengünstig anbietet. Für die Bezahlung der Arbeit bleibt dabei immer weniger übrig. Die Produktionsstätten wurden (globalisiert) dorthin verlegt, wo Frauen und Kinder für ein paar Dollar pro Tag 12 bis 14 Stunden arbeiten. „Humankapital" wird der Mensch des Globalisierungszeitalters genannt. Um Gewinn zu erwirtschaften, benötigen die Imperien Kapital: monetäres Kapital, Humankapital und Kapital in Form von Rohstoffen.

Damit verändern sich der Wert des Marktes und der Wert des Menschen. Nicht das, was der Markt bewirkt (Versorgung der Menschen mit Gütern), macht ihn wertvoll, sondern nur das, was er, mit welchen Mitteln auch immer, den wenigen Wohlhabenden zuspielen kann. Nicht das Werk zählt, nur der monetäre Gewinn daraus, ganz egal, ob das Werk sinnvoll ist oder ob damit die ganze Umwelt, wovon auch wir ein Teil sind, zerstört wird.

Das Humankapital wird sehr bald durch Maschinen, bald auch durch künstliche Intelligenz ersetzt, da diese weder krank werden noch

Ferien und Freizeit einfordern, also wesentlich produktiver sind als der Mensch. Der Mensch hat in diesem Räderwerk nur dann eine Chance, wenn er speditiver und kostengünstiger arbeitet als die Maschine, wenn er die Rolle als Humankapital ohne Störung spielt.

Im Moment macht das Denken und gezielte Planen den Menschen als „Humankapital" noch wertvoll, doch die Zeit naht, in welcher sowohl das Denken wie auch das Planen präziser von künstlicher Intelligenz übernommen wird.

In Deutschland hat sich in den 1970er Jahren der Begriff „Humanvermögen" etabliert. Ziel dieses Rechenmodelles war es, den Wert der Mitarbeiter in der Rechnungslegung offenzulegen, die Mitarbeiter also nicht nur als Kostenfaktor unter Aufwand zu verbuchen, sondern als Humanvermögen zu bilanzieren.

Im Jahre 2004 wurde der Begriff Humankapital zum Unwort des Jahres gewählt. Das Wort degradiere den Menschen zu nur noch ökonomisch interessanten Grössen. Viele Ökonomen waren über dieses Unverständnis entsetzt. Im Gegensatz zum Begriff „Menschenmaterial" sei das Wort „Humankapital" ein inhaltlich positiv besetzter Begriff. Der Jury fehle offensichtlich der ökonomische Sachverstand, so die Meinung des Wirtschaftswissenschaftlers Michael Gebauer.

Es gibt wirtschaftswissenschaftliche Bücher und Doktorandenarbeiten, deren Ziel es ist, die Bewertungsproblematik von immateriellen Vermögensgegenständen, insbesondere des Humankapitals, zu professionalisieren. Dass der Mensch jemals in solch tiefe Abgründe fallen könnte, war den liberalen Revolutionären des 17 Jh. weder bewusst noch konnten sie solch geistige Entgleisungen voraussehen.

Es gibt kaum Forschungen oder Publikationen, welche eine Integration von Ethik in die Personalwirtschaftslehre behandeln. Ethik im Personalsektor würde auch Ethik im unternehmerischen Handeln erfordern. In einer neoliberalen und globalisierten Wirtschaftswelt scheinen die Begriffe „Humankapital", „Humanvermögen", „Menschenmaterial" die logische Konsequenz zu sein. Das Wort Ethik hat dabei schon eher einen esoterischen Anstrich.

Personalethik, als Gegenpol zur Berechnung des „Menschenmaterials", untersucht die Stellung des Individuums in der Gesellschaft und fragt nach Wertvorstellungen wie Freiheit, Toleranz, Gerechtigkeit, Nachhaltigkeit, gerechter Lohn. Personalethik hat den Weg in die Politik, um deren Umsetzung voranzubringen, noch nicht gefunden.

Doch wer im heutigen Globalisierungsmodell bestehen will, wird gezwungen, Personalethik durch Berechnungsmodelle für Humankapital zu ersetzen. Die Wirtschaft hat den Menschen zu einer Ressource degradiert.

Als nächsten Schritt kann ich mir die Börsenkotierung des Humankapitals vorstellen, womit wir wieder im 16. Jh. angelangt sind, wo das afrikanische Menschenmaterial per Schiffsladung nach Amerika verfrachtet wurde. Ein Stück zwischen 30 und 35 Jahren kostete damals im Handel, ohne Körperdefekt, 18 englische Pfund!!

Die Börse

Die Börse ist keine Neuerfindung unserer Zeit. Die erste Börse wurde 1409 in Brügge, Belgien, gegründet. Die Börse war in ihren Anfängen ein Treffpunkt für Händler. Es war ein Ort, wo man sich traf, um

Handelsware zu tauschen. Hier trafen sich Geldwechsler, Kaufleute und Händler auf öffentlichen Marktplätzen, um Geschäfte abzuschliessen. Auch Kredite wurden auf den Märkten vergeben. Mit der Zeit stieg das Handelsvolumen und der Ruf nach einem Handelsgebäude wurde laut. Im Haus der Familie Van der Beurse in Brüggen wurde dieses erste Handelshaus geöffnet und damit auch gleich der Name „Börse" geboren.

Mit der Globalisierung hat sich die Börse inzwischen zu einer Renditenjagd mit Lichtgeschwindigkeit entwickelt. Der Handel mit Ware, das Tauschgeschäft, der Platz, um Geschäfte abzuschliessen, trat in den Hintergrund. Es werden nur noch Bits und Bytes getauscht.

Auf der Basis der weltweiten Globalisierung und dank der rasanten Entwicklung der IT-Technologie konnte die Börse explodieren. Heute sind alle Börsen-Märkte miteinander verbunden, sämtliche Börsendaten können von jedem Ort der Welt jederzeit in Echtzeit abgefragt werden und lösen Käufe und Verkäufe aus. Bei ihrer Arbeit bewegen sich die Renditejäger mit Lichtgeschwindigkeit durch ein vielfach verzweigtes Datennetz. Die Fondsmanager verschieben oft binnen Minuten die Milliarden ihrer Kunden zwischen völlig verschiedenen Märkten. Die nominellen Werte der gehandelten Kontrakte verdoppeln sich immer schneller und erreichen weltweit immer unvorstellbarere Summen, welche durch nichts gedeckt sind, ausser durch die Meinung der Analysten. Mit Tastendruck entstehen am Bildschirm neue Vermögenswerte, nicht erarbeitete, sondern erspielte, in einem Glücksspiel von gigantischem Ausmass.

Ermöglicht hat dies nicht nur die Globalisierung und die rasante Entwicklung der IT-Technologie, sondern auch US-Notenbankchef Greenspan. Er glaubte an die Selbstregulierung der Märkte und ermöglichte den Schattenbanken, den Hedgefonds, den Private-Equity-Firmen abseits des Einflussbereiches der Zentralbanken zu spekulieren. Geldmenge und Geldumlaufgeschwindigkeit wurden nicht mehr von den nationalen Notenbanken bestimmt, womit die Geldmenge unkontrolliert zunehmen konnte. Die Schattenbanken haben damit die Politik und die staatlichen Notenbanken in Geiselhaft genommen.

Die Folge daraus ist, dass heute „fast jeder" Millionär ist. Millionäre sind in diesem gigantischen Spiel bedeutungslos geworden. Wer zu den Einflussreichen gehören will, muss Milliarden vorweisen können. Über Milliardäre spricht man erst, wenn eine zweistellige Milliardensumme erreicht wurde, und der Billiardär scheint schon auf der Zielgeraden zu sein.

Mit diesem gigantischen Spielkasino wird überhaupt gar nichts bewirkt, was Sinn machen könnte. Hier zählt einzig und alleine das Haben, ohne etwas damit zu bewirken, denn auf der Gegenseite der Zahlen ist kein realer Gegenwert, nichts, was erarbeitet worden wäre, nichts, was dem wahren Wert der Börsenpapiere gegenüberstehen würde. So haben Firmen oft unvorstellbare Börsenwerte, welche nicht den wirklichen Leistungen entsprechen. In immer schwindelerregenderem Tempo mehr haben als am Vortag und das steuerfrei, weil Börsengeschäfte von der Steuer befreit sind. Die Politik ist in Geiselhaft der Börse und die Börse im Drogenrausch der unaufhörlich steigenden Gewinne.

In diesem Zusammenhang kommt mir ein Lied aus den 1980er Jahren von Gitte Haenning in den Sinn. Sein Text, welcher damals ironisch gemeint war, hat sich in den 2020er Jahren erschreckend verwirklicht:

Ich will alles, ich will alles
sperr mich nicht ein
ich will nie mehr zu früh zufrieden sein
ich will alles, ich will alles
und zwar sofort.

Gitte Haenning hat damals provokativ besungen, was heute zum Leitbild in einem globalisierten Neoliberalismus geworden ist. Sie selbst hat sich damals wohl kaum vorstellen können, dass diese traurige Ironie zur todbringenden Krankheit unserer Gesellschaft würde. Ein Meisterwerk der Zukunftsforschung, nicht auf wirtschaftswissenschaftlicher Basis, sondern als Künstlerin, welche erkannte, was da kommen wird.

Ich werde in den folgenden Kapiteln immer wieder mal auf geniale Künstler zurückkommen, welche besungen haben, was damals noch kaum denkbar war und heute zur Realität geworden ist.

Das falsche Leitbild

Ein Leitbild ist die schriftliche Erklärung einer Unternehmung über die Unternehmensvision. Welche Werte sollen in einer Unternehmung gelebt werden? Ein Leitbild gibt Orientierung, Identität und Motivation, am gleichen Strang zu ziehen. Es gibt Antworten auf die Fragen: Wofür stehen wir als Unternehmen?, Was wollen wir gemeinsam erreichen?, Welche Werte und Prinzipien sollen unser Handeln leiten?

Würden wir ein Leitbild über den Wirtschaftsliberalismus, die Globalisierung und die Börse erstellen, scheint ein einziger Satz als Leitbild zu gelten: „Macht Euch die Erde untertan." Dieser banale Satz, welcher so oft und falsch, auch von Theologen, aus der Bibel zitiert wird, umschreibt unsere „moderne Welt" und unser heutiges Dasein.

Wie wäre es, wenn wir anstelle dieses „Leidbildes" ein wirklich sinnvolles Leitbild vor unser Tun stellten: „Schützt die Erde, die Euch anvertraut ist, und geht behutsam mit ihr um." Untertan ist die Knechtschaft zur Befriedigung von Machtgelüsten, Gier nach Materiellem. Daraus sind menschliche und gesellschaftliche Katastrophen entstanden, denn der Irrglaube, der da verbreitet wurde, ist tief in den DNA-Strukturen der Menschheit verwurzelt.

Interessanterweise hat sich der Covid-19-Virus diesen Satz auch zu eigen gemacht: „Macht Euch die Erde untertan." Er hat sich die Erde und die gesamte Menschheit zu Untertanen gemacht, sie in Knechtschaft genommen. Nicht zufällig, denn der Virus zeigt auf unser eigenes Denken und Handeln hin. Das, was wir unserer Erde antun, das tut der Virus uns an.

Zeit also, unser bisheriges Werk anzuschauen und zu überlegen, wohin die Reise gehen soll. Corona hat weltweit einen Lockdown erzwungen, eine Ruhephase, welche uns Zeit gibt, unser Wirken zu beurteilen, zu überdenken und zu verändern.

Es gibt Menschen, welche völlig anders denken, was auch richtig, wichtig und wertvoll ist. Wir alle müssen die Toleranz aufbringen, die Andersdenkenden voll zu akzeptieren, und einen gemeinsamen Weg in die Zukunft finden, in welcher die Vielfalt unseres Denkens und Handelns Platz findet.

Es ist sehr wichtig, in diese Toleranz auch unsere gesamte Natur, die Tiere, die Pflanzen miteinzubeziehen. Sie haben ihre eigene Denk-

und Lebensweise, aber keine Lobbyisten in der gierigen Welt der Menschen. Ein Überleben der Spezies Mensch ist nur dann möglich, wenn wir unseren Egoismus bezwingen und uns in der Gesamtheit Mensch – Natur erkennen und darnach handeln. „Schützt die Erde, die Euch anvertraut ist, und geht behutsam mit ihr um.“

Was nicht tolerierbar ist: einfach weiterwursteln, ohne sich Gedanken zu machen. Immer mehr desselben haben und produzieren, ohne die Folgen zu überlegen. Einfach ruhe- und rastlos weiterhasten, mit einer fast krankhaften Gier nach allem, nach immer mehr. Ich will alles und zwar sofort.

Die globalisierte Corona-Pandemie gibt uns die Chance, Abstand zu nehmen und über unser Wirken nachzudenken

Abstand nehmen und nachdenken

Der Corona-Virus ist in erster Linie deshalb so gefährlich, weil die Krankheit sich sehr leicht übertragen lässt. Abstand halten ist das Gebot in jeder Pandemie. Bleiben Sie zuhause, vermeiden Sie Ansteckung und Kontakte.

Mit diesen Massnahmen kann die Ausbreitung einer Pandemie gestoppt oder zumindest verlangsamt werden. Massnahmen, welche von den Virologen empfohlen und von der Politik abzuwägen und umzusetzen sind. Die Wirtschaft und das gesellschaftliche Leben stehen dabei allenfalls still.

Dieser gesellschaftliche Stillstand gibt im Gegenzug viel Zeit, welche genutzt werden kann, auch geistig Abstand zu nehmen von all dem, was bisher war. Zumindest zurücktreten und überdenken, wo es sich lohnt, Abstand von unserem Tun zu nehmen. Eine Pandemie verändert Variablen einer Gesellschaft und macht aus der bisherigen Wirklichkeit etwas Unbekanntes. Das Räderwerk der „Errungenschaften" steht fast still, was die einen nervös und ungeduldig macht, die anderen als Erlösung empfinden.

Jeder einzelne Mensch, die Wirtschaftsbosse, die Politiker, die Religionsführer, haben in diesem erzwungenen Zwischenhalt die Chance, unsere Errungenschaften aus Distanz anzusehen und dabei zu überlegen: Was macht unsere Gesellschaft aus, was macht sie wertvoll, was macht sie lebenswert? Wo haben wir Korrekturbedarf? Wo haben wir Nachholbedarf?

Unzählige Menschen haben im Lockdown plötzlich den Wert des Seins entdeckt. Nicht alle, viele sind in Angst und Schrecken erstarrt.

Das macht unser Menschsein aus: Die einen erstarren in Angst und Schrecken, die anderen freuen sich über die Möglichkeit, etwas neu zu erleben. Wirtschaft, Politik und Religionen haben da die Aufgabe, alle mit ins Boot zu holen, die Chance wahrzunehmen für kreative Veränderungen. Es muss ja nicht gleich ein totaler Neubeginn sein. Alles Grosse geschieht in kleinen Schritten. Kreative Gedanken für einen sinnvollen Umgang mit der Zukunft würden einen ungeahnten Schub in die Entwicklung unserer Gesellschaften geben, wenn wir uns auf den Weg machten, wenn wir den Mut für Korrekturen hätten.

Leider sieht die Realität anders aus. Es ist ein ungeduldiges Warten auf jenen Moment spürbar, wo so schnell wie nur möglich alles wieder hochgefahren werden kann, alles wieder so ist, wie es vorher war, wenn möglich noch etwas mehr. Damit haben wir die grosse Chance vertan, uns zu erneuern. Immer mehr desselben, und dies wiederum so schnell wie möglich, kann aber nicht das Ziel einer sich entwickelnden Gesellschaft sein.

Nicht immer mehr desselben scheint mir ein Paradigmenwechsel zu sein, auf welchen uns Covid-19 hinweisen wollte. Immer mehr desselben führt in den Abgrund, bewirkt gar nichts und zeigt weder Mut noch Kreativität noch Fantasie noch die Fähigkeit, die Welt in eine sinnvolle Zukunft zu führen. Immer mehr desselben benötigt kaum Verstand und geht Hand in Hand mit einem ähnlichen fehlgeleiteten

Leitsatz: „Wer (immer mehr desselben) hat, ist erfolgreich, nicht derjenige, welcher etwas Sinnvolles nachhaltig bewirkt."

Paradigmenwechsel:
Nicht gierig raffen, sondern nachhaltig bewirken
Wenn es gelingt, den Maximierungswahn, dieses „Ich will alles und zwar sofort" als Fehlentwicklung zu erkennen, wenn die Akteure den Mut aufbringen und die Einsicht erlangen, hier korrigierend einzugreifen, dann wurde die Chance genutzt, den bevorstehenden Kollaps zu verhindern. Etwas nachhaltig zu bewirken wird den Geist und die Seele wesentlich mehr beflügelt, als einfach nur etwas zu haben.

Paradigmenwechsel:
Nicht immer mehr desselben, sondern so viel wie sinnvoll nötig
Immer mehr desselben wird unsere Hochkultur zerstören, weil immer mehr desselben nicht zur Verfügung steht. Nicht handeln verdrängt die Möglichkeit, die Wirklichkeit zu verändern und neu zu gestalten. Immer mehr desselben ist zwar sehr bequem, doch es führt unweigerlich zu Müll, auf die gesellschaftliche Müllhalde. Immer mehr desselben ist die Melodie des Todes. Immer mehr desselben heisst nicht handeln. Der Aufbruch zu neuen Horizonten hat alle Hochkulturen beflügelt, früher mit Kriegen, später mit Entdeckerfahrten, heute mit neuen Gedankenmodellen.

Wirkung erzielen

Corona hat eine Wirkung auf unsere Gesundheit, in gleichem Masse aber auch auf unsere scheinbaren Errungenschaften. Wir können mit der neuen Situation nicht umgehen und verlieren uns in der Angst zu sterben, krank zu werden oder in der Angst, bisherig Materielles zu verlieren. Wir erstarren in der Angst um unser Leben, um unsere Gesundheit, um unsere Arbeitsstelle, um unser Kapital, um unser HABEN, wobei Letzteres die Börsen so oder so demnächst zerstören werden.

Wir ärgern uns, weil die Freizeitangebote nicht mehr in vollem Umfang genossen werden können, wir fühlen uns eingeschränkt in unseren sozialen Kontakten. Wir fühlen uns einer Ungewissheit ausgeliefert und wir realisieren plötzlich, dass wir nicht Herr (oder Frau) über alle Dinge sind. Wir sind Gefangene in unseren Gesellschaftsmodellen, welche sich über Arbeitsstelle und Lohn als Lebensgrundlage definieren, über endlos steigende Gewinne, Börsenkapital, Freizeitmodelle und Wohlstand.

Benötigen wir eine neue Volkswirtschaftslehre, eine Lehre, welche sich nicht von dem Leitsatz „Immer mehr desselben" leiten lässt? Benötigen wir eine Volkswirtschaft, welche die Wirkung misst, welche wir mit den beschränkten Ressourcen unserer Erde erzielen? Benötigen wir ein neues Gesellschaftsmodell, welches sich vermehrt fragt, ob wir mit unserem Tun dem komplexen Zusammenspiel der natürlichen Kreisläufe – zu denen wir Menschen auch gehören – schaden? Ist alles nur eine Frage der Wirtschaftsverträglichkeit? Unsere Zukunft hängt nicht von der Wirtschaft ab, sondern von der Umwelt!

Dabei ist es wichtig, dass wir den Begriff „Wirtschaft" neu definieren, in
- Wirtschaft, welche eine Gesellschaft unterstützt und sie mit den notwendigen Gütern versorgt oder
- Wirtschaft, welche eine Gesellschaft ausbeutet, zum Wohle einiger weniger.

Diese Frage nach dem Begriff „Wirtschaft" scheint sich die Politik bisher gar nicht gestellt zu haben, wenn sie sich lautstark als wirtschaftsfreundlich proklamiert. Freundlich gegenüber welcher Wirtschaft?

Die Wirtschaft benötigt neue Bemessungsgrundlagen, damit sie klar eingeordnet werden kann. Die Erde ist nicht irgendein störender Klumpen Natur, deren Schutz uns am Erzielen von monetärem Gewinn hindert. Die Erde sind wir alle, sie dient nicht der Bereicherung einiger weniger auf Kosten der übrigen Menschheit, der Tier- und Pflanzenwelt.

Die Kapitalbilanz ist in der heutigen Wirtschaftslehre das einzige Kriterium, das zählt. Die Börsenanalysten benötigen keine Jahresabschlüsse, sondern Quartalsbilanzen und diese müssen von Quartal zu Quartal immer mehr desselben ausweisen. Es geht nie darum, was für eine Wirkung wirtschaftliches Tun bewirkt oder was für ein sinnvoller Gesellschaftsnutzen erzielt wird. Gewinn ist der ganze Inhalt wirtschaftlichen Tuns, ganz gleich mit welchen Folgen.

Es ist unbestritten: Ohne gewinnbringende Geschäftstätigkeit funktioniert keine Wirtschaft. Kleine und mittlere Betriebe, die KMUs, verstehen dies vorbildlich. Ihre Betriebe, oft über Generationen weitervererbt, werden erfolgreich geführt. Sie planen weitsichtig, pflegen ihr langjähriges Personal und haben sich Reserven zugelegt, welche sinnvoll und notwendig sind zur Erneuerung des Betriebes oder für weniger gute Zeiten. Das Personal steht für den Geschäftsinhaber ein, der Geschäftsinhaber für das Personal. Sie sind die Garanten des Wohlstandes, ihre Tätigkeit hält eine Region und unsere Gesellschaft am Leben.

Dem gegenüber stehen die Grosskonzerne, die Finanzindustrie. Sie sind den Aktionären verpflichtet, nicht dem Personal, nicht der

Umwelt, nicht der Region, nicht der Gemeinschaft, in welcher sie ihren Sitz haben. Sie sind verpflichtet, zu holen, was es zu holen gibt, und folgen dabei oft dem Kapitalismus, den Adam Smith (1723–1790) schon im 18. Jh. in den USA anprangerte: „Alles für uns und nichts für die anderen". Die Gewinne steigen in die Milliarden, was die Aktionäre und geldgierigen Hintermänner aber nicht zufrieden macht, im Gegenteil, eine Maximierung ist immer möglich.

So wird der Ruf nach einer Neubewertung der Wirtschaft, der Börse und Konzerne laut. Die Bewertung muss sinnvoll, ziel- und zukunftsführend neu definiert werden. Die Bewertung nach SOLL und HABEN, nach Bilanzsumme und Quartalsgewinn, nach Dividendenausschüttung und Börsenbewertung führt nirgendwohin, ausser zu einer todbringenden Ausbeutung unseres Planeten zugunsten ein paar weniger superreicher Milliardäre. Immer mehr desselben sind die Worte des Todes, des Untergangs, denen man auch mit Milliarden in der Tasche nicht entgehen kann.

Es gibt hunderte von Vorschriften, wie eine Bilanz und eine Betriebsrechnung dargestellt werden sollen, wie die Reserven zu verbuchen sind und vieles mehr. Es gibt hingegen keine Richtlinien, wie eine Firma aufzeigen soll, was sie nachhaltig bewirkt hat und wie viele unwiederbringliche Ressourcen die Firma für dieses Bewirken aufgewendet hat. Es wird in keinem Geschäftsbericht gezeigt, ob sich die Plünderung unseres Planeten zugunsten einer erzielten Wirkung gelohnt hat, ob ein sinnvolles Gleichgewicht zwischen Ressourcenverbrauch und erzielter Wirkung vorhanden ist.

Es gibt zwar in den europäischen Staaten bei Rechnungslegungsstandards seit Jahren die Pflicht einer Nachhaltigkeitsberichterstattung. Juristisch ausgedrückt heisst dies: „Es besteht die Pflicht zu einer Berichterstattung und Darstellung in Zusammenhang für die Nachhaltigkeit für die Geschäftsjahre ab 2012, wenn nichtfinanzielle Leistungsindikatoren für die Steuerung und Entwicklung intern unter dem Aspekt der Nachhaltigkeit verwendet werden." Wunderschöne Worte, wahrscheinlich monatelang ausgefeilt und zurechtgebogen. Doch was kann damit angefangen werden? Ein Steilpass für Konzerne, welche sich freuen, dass rein gar nichts gesagt werden muss.

Eine Bewertung nach Sinn des Handelns ist zweifelsohne um einiges schwieriger, als SOLL und HABEN zu subtrahieren oder an der „Spielkonsole" eines Börsencomputers die Börsenzahlen hochzutreiben.

Es kommt hinzu, dass ein Nachhaltigkeitsbericht von den Renditejägern kaum gelesen wird und eher zum Reinwaschen von umweltzerstörerischen Tätigkeiten dient, weil es keine verbindlichen Normen gibt, was Nachhaltigkeit bedeutet. Der höchstmögliche Gewinn in der kürzestmöglichen Zeit ist die Devise, ob dieser nachhaltig erwirtschaftet wurde, ist absolut unbedeutend. Nachhaltigkeitsberichte lesen ist Zeitverschwendung, weil es absolut egal ist, was da drinsteht: „Wir roden Urwälder und pflanzen nachhaltige Palmölplantagen, mit garantierter Kapitalrendite von über 20 %."

Ein sinnvolles Umdenken wird eventuell dann stattfinden, wenn unser Planet auch auf die letzten Medikamente nicht mehr reagiert.

Einen wissenschaftlich fundierten Kodex zu entwickeln, welcher den Verbrauch unwiederbringlicher Ressourcen mit Wirkung auf Natur und Umwelt misst, erzieltes Wirken in den Vergleich mit dem Nutzen für die Gesellschaft stellt und zudem noch die Nachhaltigkeit des Wirkens aufzeigt, das wäre eine Herausforderung für die Wirtschaftshochschulen. Ein Instrument, welches verhindert, dass die natürlichen Ressourcen, die innerhalb eines Jahres wieder nachwachsen können, nicht schon im Juni verbraucht sind, sondern frühestens am 31.12. eines Jahres, besser noch viel später. Für die Player im Börsengame müssten diese Werte Gültigkeit haben, nicht der Quartalsabschluss.

Doch die Wirtschaftshochschulen selber sind oft kein rühmliches Beispiel für Nachhaltigkeitsberichte. Es ist sicher beruhigend zu lesen, dass Institutsleitung, Mitarbeitende und Studierende sich den Aspekten einer nachhaltigen Institutsführung (Mobilität, Energieverbrauch, Institutskultur) widmen und der Nachhaltigkeitsbericht des Instituts den Standards des GRI entspricht. Ein intellektuell meisterhaft geschriebener Satz, welcher über Nachhaltigkeit leider keine Aussage macht.

Viel wichtiger scheint mir, dass sich all diese wirtschaftswissenschaftlichen Institute zusammentun und weltweit gültige Methoden entwickeln, welche in Zusammenarbeit mit der Politik, der Wirtschaft und der Industrie (was ja alles ein und dasselbe ist) umzusetzen sind. Berichte, welche zu „Green-washing-Zwecken" erstellt werden, sind sinnloser Aufwand, auch wenn sie den GRI Standards entsprechen.

Die wahren Probleme liegen darin, dass die Politik zum Handlanger der Wirtschaft geworden ist. Sie ist nicht mehr in der Lage, dringend notwendige Instrumente einzuführen und zu überwachen. Die Politik kann handeln, wenn die Wirtschaft es erlaubt, wobei wir wieder bei der Frage sind, welche Wirtschaft gemeint ist und welche Wirtschaft zukunftsgerichtet unterstützt werden soll.

Der Staat selbst ist leider ein glanzvolles Beispiel eines sinnlosen Tuns. Er rapportiert seinen Bürgern oder den Parlamenten Zahlen wie „die schwarze Null" oder den Vergleich Budget zur effektiven Rechnungslegung. Eine falsche oder zu tiefe Budgetierung von Einnahmen führt immer zu „lobenswerten" Mehreinnahmen gegenüber dem (falschen) Budget. Wo ist da ein Hinweis auf nachhaltiges Tun in der Politik?

Wieso wird die Politik nicht zu Nachhaltigkeitsberichten verpflichtet? Wieso muss die Nachhaltigkeit von Rüstungseinkäufen nicht nachgewiesen werden? Wie viel Prozent des BIP sind sinnvoll für eine Landesverteidigung, weltweit gültig? Wieso muss die Nachhaltigkeit der Rodung eines Waldes für eine Autobahn nicht nachgewiesen werden? Wieso muss die Rodung eines ganzen Hügelzuges für die Erstellung von Windrädern nicht nach Nachhaltigkeit begründet werden? Berichte, welche nicht von der Politik oder von Juristen erstellt werden dürften, sondern von (nicht gekauften) Wissenschaftlern, welche die Zusammenhänge verstehen und erklären können.

Wir können uns auch fragen: Woher hat der Staat seine Einnahmen, welche er oft leichtsinnig und ohne Nachhaltigkeit wieder ausgibt? Von der Besteuerung der Gewinne, nicht aller Gewinne, nur derjenigen, welche „von der Wirtschaft" zur Besteuerung freigegeben werden. (Sorry für diese etwas saloppe Aussage, doch im Kern stimmt sie). Juristische Personen, also Firmen aller Art, können den Gewinn mit den Verlusten der vorangehenden Geschäftsjahre verrechnen. So verbleibt, mit einem etwas cleveren Finanzchef, für lange Zeiten kaum steuerbarer Gewinn. Internationale Konzerne haben es noch einfacher, sie können Gewinne zusätzlich international verschieben. Ganz abgesehen davon sind Börsengewinne sogar für Privatpersonen steuerbefreit.

Die Steuergesetze, welche in ihrer Grundsubstanz noch immer vorwiegend aus dem Mittelalter stammen, besteuern Einkommen und Vermögen, Gewinn und Kapital, das, was wir haben.

Eine sinnvollere Bemessungsgrundlage wäre, eine falsch gesetzte Wirkung zu besteuern, beispielsweise Kerosin (Kerosin der Ferienfliegerei ist noch immer steuerbefreit), SUV, Rover & Co, Holz aus den Urwäldern, Palmöl, Plastik, Pestizide, Börsentransaktionen, Abfall, Feinstaub und vieles mehr.

Steuern zu beziehen macht aber nur dann einen Sinn, wenn der Staat gleichzeitig zu Nachhaltigkeitsberichten verpflichtet wird. Dem Staat Geld abliefern heisst noch lange nicht, dass er es auch sinnvoll verwendet.

Paradigmenwechsel:
Nicht gierig raffen, sondern nachhaltig bewirken
Der Begriff „Wirtschaft" ist neu zu definieren. Die Zukunft in der Wirtschaftswelt gehört den Betrieben, welche eine Gesellschaft unterstützen, sie mit den notwendigen Gütern und Dienstleistungen versorgen und dabei nachhaltig produzieren und achtsam mit den Rohstoffen umgehen. Eine Wirtschaft, welche die Gesellschaft ausbeutet, gierig rafft, zum Wohle einiger weniger, darf politisch keinen Stellenwert mehr haben.

Das Haussieren der Börsen erfordert immer mehr „Geldspritzen" und fördert die reale Geldentwertung, zugunsten unrealistischer Gewinne an der Börse, für ein paar wenige scheinbar systemrelevante „Gamer". Ein Wirtschaftszweig, welcher sich auf das gierige Raffen begrenzt, kann nicht zielführend sein. Börsenkurse sind an die Nachhaltigkeit der Erzeugnisse, an den Ressourcenverbrauch oder die Umweltfreundlichkeit zu binden. Nachhaltigkeit und der achtsame Ressourcenverbrauch müssen oberstes Ziel von Wirtschaft und Börse werden.

Paradigmenwechsel:
Nicht immer mehr desselben, sondern so viel wie sinnvoll nötig
Die Volkswirtschaften sind von der Geiselhaft der Börsen zu entbinden. Börse ist ein Glücksspiel, das süchtig macht. Börse und Wirtschaft müssen zwingend getrennt werden. Die kleinen und mittleren Betriebe benötigen sicheres Geld und sichere Kredite, welche an die Nationalbank gebunden werden, nicht an die Börse.

Was kann mein Beitrag zu diesem Thema sein?
Jeder Einzelne von uns hat die Chance, in diesem komplizierten Zusammenspiel eine wichtige Rolle zu spielen und eine Wende herbeizuführen, indem er für sein Handeln Verantwortung übernimmt. Die acht nachfolgenden Beispiele aus unserem Alltag sind Anregungen für Gedankengänge an eine nachhaltigere Welt.

Acht Gedankengänge aus unserem Alltag an eine nachhaltige Welt

Einleitende Erklärung

Anhand der acht nachfolgenden Beispiele einer vor sich hintreibenden Überflussgesellschaft möchte ich aufzeigen, wie einfach es für uns alle wäre, Schritte für einen nachhaltigen Weg in die Zukunft einzuleiten. Ich weiss, es sind unvollständige Beispiele und vielleicht auch nicht zu Ende gedachte Lösungsansätze. Ein neues Zeitalter mit neuen Paradigmen erfordert aber, dass wir uns auf den Weg machen, etwas ausprobieren, dabei lernen und immer perfekter und erfolgreicher in der Erhaltung unserer Hochkultur und unserer Erde werden.

Die Lösungen der grossen Zukunftsprobleme liegen nicht irgendwo beim Präsidenten von Utopia, sondern bei jedem Einzelnen von uns ganz persönlich, bei unserem Lebensstil und dem sich daraus ergebenden Anteil an der Vernichtung des Planeten. Alle Probleme sind hausgemacht, selbst produziert, nicht von weltfremden Politikern, sondern von mir ganz persönlich, mit meinem Anteil daran. Natürlich gab es die nachfolgenden Themen schon immer. Neu hat der Mensch einen wesentlich höheren Anteil an deren Entstehung und Beschleunigung:

- Luftverschmutzung
- Wasserverschmutzung
- Abholzen der Wälder
- Ausbeutung von Grundwasser
- Vermüllung der Meere
- Leerfischen der Meere

- Müllproduktion im Allgemeinen
- Artensterben durch unvernünftigen Gebrauch der Ressourcen
- Klimaerwärmung
- Schmelzen der Polkappen
- Auftauen der Permafrostböden und damit …
- Freisetzung von Methangasen und damit …
- Zerstörung unserer Atemluft
- Überbevölkerung
- usf.

Ich kann mich nicht mehr damit entschuldigen, dass es diese Themen schon immer irgendwie gegeben hat und dass ich als Einzelperson nichts unternehmen kann, solange die anderen es auch nicht tun.

Jeder Einzelne von uns ist gefordert, an diesen grossen Themen zu arbeiten. Wenn es dem einzelnen Menschen nicht gelingt, einen Paradigmenwechsel in seinem kleinen Umfeld herbeizuführen, wird es auch im Grossen nicht gelingen. Die Verantwortung für unser Überleben liegt nicht beim amerikanischen, russischen oder chinesischen Präsidenten, sondern bei jedem Einzelnen von uns.

Die nachfolgenden acht Beispiele basieren auf den Gedanken von Mahatma Gandhi, welcher mit seinen „sieben Todsünden der heutigen Welt" eine völlig neue Denkweise forderte:

Reichtum ohne Arbeit
Genuss ohne Gewissen
Wissen ohne Charakter
Geschäft ohne Moral
Wissenschaft ohne Menschlichkeit

Ich möchte Gandhis Todsünden der heutigen Welt zwei weitere Leitsätze hinzufügen:

… und der Politik einen neuen Auftrag geben:

1. Politik – Religion – Wirtschaft

Wenn die Substanz der Politik sich im ständigen Bemühen um die
Ordnung des menschlichen Zusammenlebens offenbart, dann müssen all diejenigen, die Politik beeinflussen oder „machen" eine Vorstellung vom Wert und Sinn der menschlichen Existenz besitzen.
(Benjamin Franklin)

Wie sieht die Ordnung menschlichen Zusammenlebens aus? Was ist der Wert und Sinn der menschlichen Existenz? Ein Monarch sieht dies anders als ein Autokrat, ein Diktator anders als ein Vertreter eines Imperiums (USA), ein Faschist anders als ein Imperialist, ein religiöses Oberhaupt anders als ein Atheist. Es sind aber die grossen Fragen der Politik, der Philosophie und der Wirtschaft. Es sind Fragen, welchen wir uns dauernd stellen und die wir zwischen Kulturen und Gesellschaften ausgleichend definieren müssen. Nicht mit Sanktionen steuern, sondern sich bewusst sein, dass viele Kultur- und Gesellschaftsmodelle möglich sind.

Wer anders denkt als ich, ist nicht mein Feind, denn oft sind es gerade die Andersdenkenden, welche uns auffordern, unsere eigenen Gedanken, welche vielfach mit einem Tunnelblick behaftet sind, zu überdenken. Wir alle, insbesondere aber die politisch Tätigen, müssen wieder die charakterliche Grösse erlangen, welche es uns erlaubt, völlig andere Gedanken anzuhören. Zuhören, ohne seine eigene Gedankenwelt aufzugeben. Das Bewusstsein entwickeln, dass es kein Richtig oder Falsch gibt, sondern nur Sichtweisen. Ein Miteinander, nicht ein Gegeneinander.

Politik, Religion und Wirtschaft haben die tragende Verantwortung für die Zukunft unseres Planeten. Politik, Wirtschaft und Religion sind nicht irgendwer im grauen Nebel des Unerreichbaren. Einzelne Menschen geben diesen Institutionen eine Stimme. Ich selbst bin es, der Wähler und der Gewählte, der diese Institutionen prägt. Ist uns dies bewusst?

Westliche Politik heisst nicht, östliche Politik zu verdammen. Beide Modelle haben ihre Richtigkeit. China mit über einer Milliarde Menschen kann nicht gleich geführt werden wie die Schweiz mit knapp acht Millionen Menschen. Eine UNO ohne Vetomächte könnte aber ein paar gültige Grundlagen der Menschlichkeit und einer Wirtschaft für alle durchsetzen.

Es lohnt sich, bevor wir weiterfahren, eine sehr kurze und sehr komprimierte Menschheitsgeschichte anzusehen. Wie sind Politik, Religion, Wirtschaft entstanden?

In den frühen „primitiven" Kulturen ordnete sich das menschliche Zusammenleben in locker gegliederte Primärgruppen. Die Ordnung richtete sich täglich neu, weil sich die Lebensumstände täglich neu ergaben, durch Witterung, Jagdbeute, Trinkwasser und viele Einflüsse mehr.

In den Hochkulturen organisierten sich die Primärgruppen zu Verbänden, weil sie so Schutz und Schirm gemeinsam gestalten konnten. Hier entstand die Gliederung von Herrschenden und Beherrschten und das Bewusstsein, einer gesellschaftlichen Einheit anzugehören. Bereits hier entstanden die grossen Fehlentwicklungen der menschlichen Gesellschaft: die intelligente Manipulation der Gewohnheiten und Meinungen der Massen durch eine Minderheit. Diese verstand es, hoch zu Ross mit den Säbeln zu rasseln, sich besser zu kleiden als der Rest der Gesellschaft, um damit als Herrscher anerkannt zu werden.

In weiterentwickelten Hochkulturen begannen die Differenzierung und Spezialisierung. Was die Politik betrifft, spezialisierten sich die Herrschenden in Herrscher, Hof und Verwaltung. Was die Wirtschaft betrifft, erweiterte sich das innerfamiliäre Leben um einen Bereich gesellschaftlicher Arbeit mit gewinnbringendem Austausch von Ware.

Der Tod erinnerte daran, dass Herrscher und Beherrschte nicht unendlich irdisches Leben besitzen. Es gab Medizinmänner und Hohepriester mit Verbindung zum Jenseits, Grundlage für die Bildung von Religionen.

Daraus könnte man ein goldenes Dreieck der Führung menschlichen Zusammenlebens konstruieren: Politik, Wirtschaft, Religion, eine Art „heilige Geometrie" einer funktionierenden Gesellschaft, welche aber in der Moderne nicht mehr vom Säbelrasseln der „hohen Obrigkeit" bestimmt werden darf, sondern von Intelligenz, Gleichheit, Freiheit und Kommunikation.

Dieses Dreieck müsste wie folgt gestaltet sein:
- Der Staat, welcher Sicherheit und Ordnung garantiert und Streitigkeiten schlichtet.
- Die Religion, welche die ethischen und moralischen Grundsätze prägt und anmahnt.
- Die Wirtschaft, welche die Gesellschaft mit Gütern versorgt.

Dieses Dreieck, Staat, Religion, Wirtschaft, könnte eine ausgewogene, harmonische Dynamik in einer sich gegenseitig inspirierenden Gesellschaft garantieren. Wieso aber bleibt es nur eine Theorie?

Staat, Religion und Wirtschaft sind keine Persönlichkeiten, sondern Organisationen, von Menschen gemacht, für den Menschen bestimmt, von den Menschen gelenkt. Der Staat, die Religion, die Wirtschaft leben nur, wenn der Mensch ihnen Leben einhaucht. Der Mensch aber ist nicht unfehlbar, nicht ethisch in seinen Gedanken. Er wird von Gier und Machtgelüsten geplagt. So haben sich alle drei Eckpunkte dieses Dreieckes von der Gier und den Machtgelüsten der Menschen infizieren lassen, egal welche Religion, welcher Staat, welche Wirtschaft.

Die Inhaber der „hohen Ämter" verlieren sich im Tunnelblick und damit die Fähigkeit zuzuhören. Wer hoch oben auf dem Thron sitzt, erniedrigt sich nicht, um mit Untergeordneten zu sprechen. Diese dürfen sich höchstens tief verbeugen und zujubeln: Ein Modell aus dem Mittelalter, das wir bis in die heutige Zeit nicht überwunden haben.

Hier kommt mir eine passende kleine Anekdote in den Sinn, welche ich zwischendurch gerne erzählen möchte: Als der amerikanische Aussenminister Mike Pompeo 2019 in der Schweiz, in Bern, auf Staatsbesuch war, fuhr der Wagenkonvoi aus Armee, privaten Bodyguards, Polizei und Pompeo durch die Stadt Bern zum Mittagessen. Ich war zufällig mit einem privaten Besuch vor dem „Zytgloggenturm" in Bern, vor welchem sich eine grosse Menschenmenge versammelt hatte. Es war zwölf Uhr Mittag und nicht nur Pompeo hatte Hunger, sondern das weitbekannte Glockenspiel begann zur gleichen Zeit zu drehen. Alle hielten ihre Fotoapparate und Handykameras hoch und Mike Pompeo winkte aus der kugelsicheren Staatskarosse den Menschen zu. Doch die Menschenmenge war nicht wegen Pompeo gekommen, sondern weil sich zur selben Zeit das weitherum bekannte mechanische Spiel am Zytgloggenturm in Gang setzte.

Ein unglaublich schönes Beispiel, wie das Volk ausserhalb der gepanzerten Türen funktioniert und wie viele „politische Würdenträger" hinter den gepanzerten Türen das Gefühl haben, das Volk juble ihnen zu, obwohl sich das Volk längst ganz anderen Dingen zugewandt hat.

Doch zurück zum „heiligen Dreieck" der gesellschaftlichen Führung: Wir können philosophieren, ob die Politik eine Institution ist, welche die heutigen riesigen Transformationen, die Klimakatastrophe, die philosophische Revolution, neue Gesellschaftsformen usf. noch mitgestalten kann, zum Wohle allen irdischen Lebens, wozu Pflanzen, Tiere, Vögel, Bäume, Mensch, Insekten zählen. Verwaltet die Politik einfach nur die Probleme und bewirtschaftet sie, nach den Regeln der Parteienpolitik oder den Vorgaben der Lobbyisten? Wer am Ende des Tages mehr hat, hat gewonnen. Mehr Wählerstimmen, mehr Gewinnaussichten, mehr Parteianhänger, mehr Gläubige, immer mehr desselben.

Der Bundesrat in der Schweiz, in anderen Staaten die entsprechende politische Instanz, hat zu Beginn der „Corona-Zeit" die Macht an sich genommen, zum Wohle der Menschen. Er hat während der Corona-Pandemie eine ausgezeichnete Arbeit geleistet, hat sachlich informiert, beruhigt, keine Panik verbreitet und Massnahmen ergriffen, welche zu dieser Zeit, mit dem vorhandenen Wissen, das Bestmögliche für die Bevölkerung waren. Hierfür ist allen Regierenden ein ganz besonderes Lob auszusprechen. Zumindest gilt dies für Europa.

Die Parlamente haben sich lautlos davongeschlichen und im sicheren Bunker ausgeharrt, bis die gröbste Pandemie vorbei war. Notrecht nennt man dies. Daraus könnte sich die Frage ergeben: Funktioniert Politik besser, wenn sich die Parlamente und die politischen Parteien zurückziehen?

In den USA und Brasilien, wo sichtlich überforderte Präsidenten das Sagen hatten, hat überhaupt nichts funktioniert. Diese beiden Beispiele zeigen, dass es ohne Parlamente nicht zu funktionieren scheint.

Es macht aber Sinn, sich Gedanken zu machen, ob die Pandemie etwas aufgezeigt hat, was sich zu verändern lohnt.

Sind politische Parteien und Parlamente die Gestalter und Vordenker einer Gesellschaft? Als sie, durch das Notrecht bedingt, in den Ausstand traten, fehlte eigentlich nichts Systemrelevantes, auch nach Wochen nicht. Der schweizerische Bundesrat schien plötzlich, wie von der „Fussfessel Parlament" befreit, sichtlich Freude am Gestalten zu haben. Er regierte und gestaltete.

Da in der schweizerischen Demokratie sieben Mitglieder des Bundesrates das Amt eines Staatspräsidenten innehaben, ist Regieren und Gestalten immer eine ausgewogene Handlung, auch wenn das Parlament für einen Zeitraum keinen Einfluss darauf hat. Damit hat die schweizerische Demokratie eine jahrhundertealte Stabilität erlangt.

Hat dies alles nur funktioniert, weil es dem Bundesrat bewusst war, dass nach dem Notrecht die parlamentarische Kontrolle wieder einsetzt?

Wenn wir die Parlamente betrachten, können wir uns fragen: Werden in den Parteien die richtigen Führungspersönlichkeiten herangebildet? Parteien machen schlussendlich die Parlamente aus, denn sie sind es, welche die Parlamentarier zur Wahl vorschlagen. Wenn es den Parteien nicht nur um Wähleranteile und Macht geht, mit welchen Instrumenten gestalten sie das, was gesellschaftlich, philosophisch, ethisch bewirkt und gestaltet werden soll? Welche Instrumente ermöglichen es, dass sachlich und fachlich richtig entschieden wird und nicht nur aus parteipolitischem Kalkül? Nach welchen Kriterien werden angehende Parlamentarier ausgewählt? Parteitreue? Parteipolitisches Gedankengut?

Was suchen Lobbyisten in der Politik? Die bestmöglichen Rahmenbedingungen für die von ihnen vertretene Wirtschaft? Warum haben

Schulkinder oder Jugendliche nicht ihre Lobbyisten? Entfernen sich mit dem Lobbyieren die politischen Parteien und ihre ins Parlament gewählten Vertreter vom Wert und Sinn menschlichen Daseins (Franklin) und wenden sie sich einseitigen wirtschaftlichen Interessen zu? Verlieren sie die Sensibilität für die Frage, warum es sich lohnt zu leben und wen sie zu vertreten haben? Ist ihnen bewusst, welche Interessen sie vertreten?

Wenn wir uns diese Fragen auf der weltpolitischen Bühne stellen, werden wir sorgenvoll erkennen, dass sich die Politik immer mehr von dem entfernt, was Benjamin Franklin einst für wichtig erschien: Die Vorstellung vom Wert und Sinn der menschlichen Existenz.

Die führenden Staaten können sich heute nur noch durch immer mehr Rücksichtslosigkeit und Härte behaupten. Die Seele und der Geist ihrer Vertreter sind schon längst gestorben, weil sie nichts zum Wohle unserer Erde beitragen wollen. Es geht nur um Macht und Einflussnahme, nur um das HABEN, niemals um das WIRKEN im Sinne einer kreativen Zukunftsgestaltung für uns alle. Die Mächtigen in einer Regierung haben die Funktion eines Verwaltungsrates einflussreicher Imperien, welche ihnen die Vorgaben machen.

Wo würden wir heute im Gedankenmodell des „goldenen Dreiecks" Politik, Wirtschaft, Religion stehen? Leider haben sich alle verrannt, die Politik, die Religionen, die Wirtschaft.

Die Staatsführer der massgebenden Wirtschaftsmächte belegen sich gegenseitig mit immer mehr Sanktionen, suchen sich Verbündete, um sich noch mehr Macht und Einfluss zu verschaffen, benehmen sich so, als wäre der Staat ihr persönliches Eigentum: „Alles für uns und nichts für die anderen", wie damals Adam Smith (1723–1790) den amerikanischen Kapitalismus schon anprangerte. Dabei ist zu beachten, dass unter dem Begriff „uns" nicht die zu vertretende Bevölkerung gemeint ist, sondern immer nur die zu vertretenden Imperien.

Was ist Politik? Eine Show, eine Inszenierung, eine politische Abrechnung, ein Theater?
Eine Frage, welche sich der spanische Offizier, Jurist und Buchautor Calderon (1600 bis 1681) schon stellte. Eine Frage, welche auch heute noch Gültigkeit hat.

Es ist ein dringend notwendiger Dialog, welchen Politik, Wirtschaft und Religionen weltweit führen müssen, um sich Klarheit zu verschaffen, was sie denn eigentlich genau vertreten. Menschliche und charakterliche Grösse, wovon Führungspersönlichkeiten eine Menge haben sollten, kennt keinen Absolutismus, keine einzig mögliche Denkweise. Sie besitzt die Fähigkeit, die vielen Kulturen und Denkweisen zusammenzubringen, um gemeinsam auf unserem Planeten zu überleben.

Die Religionen haben ihre Daseinsberechtigung längst verloren. Sie wären eigentlich dazu bestimmt gewesen, Ethik und Moral zu verteidigen, den Menschen einen Ort zu geben, wo sie sich wieder Lebensinhalt und Lebensfreude holen könnten. Religionen hätten die Aufgabe, den Staat zu beraten, sobald er sich von den ethischen Normen und seiner Pflicht um Aufrechterhaltung von Recht, Ordnung und Sicherheit entfernt.

Doch auch Religionen sind zu Imperien geworden, Machtapparate, welche nicht mehr dem Menschen dienen, sondern den Interessen der Kleriker und Fanatiker, welche oft weitab der Realität in irgendeiner unwirklichen Welt leben. Sie haben es verwirkt, ihren Einfluss geltend zu machen, weil sie an längst veralteten Dogmen festhalten, welche nur zu oft auf keiner handfesten Basis beruhen. Sie haben sich mit Politik und Wirtschaft verbrüdert, weil ihnen so mehr Macht (und Kirchensteuer) erhalten bleibt.

Die Kleriker und Religionsführer haben das Volk betrogen mit Scheinmoral und weltfremden Vorschriften, welche sie selbst nicht eingehalten haben. Sie haben den Himmel versprochen, welcher über den Wolken liegt, bei Gott dem Vater, Mohamed oder wie alle diese Fantasiegebilde heissen mögen.

Die Wissenschaft hat längst bewiesen, dass über den Wolken ein unendliches Universum liegt. Zu lange war die Erde Mittelpunkt des Universums. Zu lange hat man Bildung verhindert, damit das „gläubige Volk" den verkündeten Schwindel nicht bemerkt. Noch heute verbieten gewisse Religionen jungen Frauen jegliche Bildung und erlauben jungen Menschen ganz allgemein nur jene Bildung, welche auf einer bestimmten Religion basiert.

Glauben, ohne zu wissen, führt zu Fanatismus, das erfahren wir in allen Religionen, in der Politik und auch in der Wirtschaft. Dieser Fanatismus wird von den Machtapparaten brutal ausgenutzt. Wer nichts weiss, muss alles glauben. Wer glaubt, ist manipulierbar, weil Glauben ohne Wissen keine Argumente hervorbringen kann. Diese von Fanatismus Zerfressenen lassen sich überall einsetzen, für Krieg, für Terror, für Abstimmungsparolen und Marktvorteile.

Zurück zur Politik: Wie hat doch der damalige amerikanische Verteidigungsminister Donald Rumsfeld (2001–2006) sinngemäss klar und deutlich gesagt: Das amerikanische Erdöl liegt unter irakischem

Boden. Viele amerikanische Soldaten sind daraufhin im Irak einmarschiert, unter dem Vorwand, der irakische Diktator bedrohe die Weltgemeinschaft mit Vernichtungswaffen. Auf diese Verlogenheit, zwei völlig unabhängige Themen miteinander zu vermischen, ist wohl kein Angehöriger der US-Army gekommen, weil er in blindem Gehorsam den Armeeführern folgte und auf blinden Gehorsam getrimmt ist.

David Hume, ein schottischer Philosoph (1711–1776) hat schon damals erstaunt verkündet: „Unglaublich, mit welcher Leichtigkeit sich die vielen von den wenigen regieren lassen und sich unterwerfen, indem sie ihr Schicksal gedankenlos in die Hände der Herrscher legen."

Nicht nur Politik und Religion haben sich von ihrer ursprünglichen Aufgabe entfernt, auch die Wirtschaft hat dies mit der gleichen Taktik getan. Wirtschaft steht für Einrichtungen und Handlungen von Menschen zur Befriedigung ihrer Bedürfnisse: Essen, Trinken, Kleidung, Wohnung und je nach Kultur noch einiges mehr. Leider ist der monetäre Gewinn der Investoren zum Allerheiligsten der Wirtschaft aufgestiegen, nicht mehr die Versorgung der Gesellschaft mit Gütern. Kapital gleich Wirtschaft. Ihm zu dienen, ist oberstes Gebot.

Wirtschaft und Politik sind in der globalisierten Welt zu einem Knäuel von Imperien zusammengewachsen. Die Wirtschaft hat die Politik in Geiselhaft genommen. Es sind Machtapparate, welche nicht mehr dem Menschen dienen, sondern den Interessen weniger Superreicher.

Bei dieser Aussage ist es sinnvoll, wieder zurückzugehen zur Frage, welche Wirtschaft wir denn meinen:

- Wirtschaft, welche eine Gesellschaft unterstützt und mit notwendigen Gütern versorgt
- oder eine Wirtschaft, welche eine Gesellschaft ausbeutet, zum Wohle einiger weniger.

Der Glaube an das Kapital ist zu einer neuen Religion geworden, auch wenn dieser Glaube an das Kapital auf einem reinen Märchen ruht. Wir glauben daran, dass eine bunt bemalte Banknote einen wichtigen Gegenwert hat, dass ein am Bildschirm flimmernder Betrag ein Vermögen darstellt. Glauben ohne zu wissen führt zu Fanatismus, dies gilt nicht nur für die Religionen, auch für die Wirtschaft. Wir glauben an die Bits und Bytes, welche unser Kapital ausmachen und haben nicht die Kraft, mit diesem Glauben etwas zu bewirken.

Katja Ebstein, die berühmte deutsche Sängerin und Schauspielerin, welche 1970 den dritten Platz beim Eurovision Song Contest gewann, hat damals die Welt von heute treffend besungen (in gekürzter Form):

Ein Phänomen und eine Macht,
die über Menschenherzen wacht,
die dich im Kreise treibt und hetzt,
die dich bewegt zu guter Letzt.

Seinem Einfluss wirst du bald erliegen,
und um dich schlussendlich zu besiegen,
zieht es mit Eleganz und Verv,
heimtückisch dir den letzten Nerv.

Dann läufst Du rum und bist schon tot,
hast mit der Lüge keine Not.

Taub ist deine Seele, taub das Fleisch,
in dem Bewusstsein bist du reich.

Doch tief im Innern bist Du arm,
schlägt dein Gewissen nicht Alarm?
Es frass dich total!
Das Kapital.

Paradigmenwechsel:
Nicht gierig raffen, sondern nachhaltig bewirken
Winston Churchill hat in seiner Gestaltung der Nachkriegszeit skizziert: „Die Nationen müssten mit dem, was sie besitzen, eine lebenswerte Welt gestalten können, ohne Grund, immer mehr zu wollen. Wir wären reiche Leute, die friedlich in ihren Besitzungen lebten und dieser Reichtum würde uns überlegen machen."

Eine Vision, welche heute, 70 Jahre später, noch immer nicht Realität geworden ist. Es stimmt traurig, wenn eine Nation ihr Überleben „vom amerikanischen Erdöl, welches unter irakischem Boden liegt" abhängig macht.

Der Anspruch auf die Führungsrolle der „aufgeklärten Staaten" über den Rest der Welt führt zu internationalen Verbrechen. Die Einsicht, dass es unzählige Lebensformen, Kulturen, Sprachen, Religionsansichten und Wirtschaften zur Versorgung der Bevölkerung gibt, und die Toleranz, diesen eine gleiche Berechtigung des Seins zuzugestehen, führt in die Zukunft.

Für diese Zukunft hat die Welt Organisationen geschaffen, die UNO, das WEF, die WHO und viele mehr. Liegt die Zukunft politischer Führung in den Weltorganisationen, die UNO in der Rolle der Politik, das WEF in der Rolle der Wirtschaft und die WHO in der Rolle von Ethik und Moral? Könnte dies eine neue Weltordnung werden, frei von gierigem Raffen, bestrebt nach nachhaltigem Wirken?

Paradigmenwechsel:
Nicht immer mehr desselben, sondern so viel wie sinnvoll nötig
Immer mehr Sanktionen, immer mehr Drohungen anstelle von Gesprächen, immer mehr Waffen, immer mehr Soldaten. Immer mehr derselben Denkart nach schwarz-weiss. Der Osten ist Feind, der Westen ist Freund. Die Bürgerlichen sind gut, die Grünen sind schädlich (je nachdem, wo man steht). Immer mehr desselben Schwachsinns. Immer mehr Gewinn, immer mehr desselben Maximierungswahns „Ich will alles und zwar sofort".

Sanktionen sind die Weiterführung von nicht verarbeiteten Kindheitstraumata, welche vollständig ersetzt werden können mit Werten aus dem Erwachsenenleben, mit Toleranz, Gesprächen und Diplomatie.

Was kann mein Beitrag zu diesem Thema sein?
Es geht um Toleranz, die Fähigkeit zuzuhören, die Charakterstärke, andere Meinungen zu tolerieren und sich von einem krankhaften, veralteten Richtig/Falsch-Denken zu trennen.

Es gibt keine Denkart, welche richtig oder falsch ist. Jede Person hat ihre eigene, für sie richtige Denkart. Meine Denkart ist in den Augen einer anderen Person genauso falsch. Missionare waren keine Helden, sondern Menschen, welche vom krankhaften Eifer getrieben wurden, eine mögliche Denkart in die Köpfe ganzer Volksstämme zu hämmern, mit fatalen Folgen. Wir glauben, anstatt zu wissen, und vertreten diesen Glauben mit einer krankhaften Verbissenheit, sowohl in der Religion wie in der Politik wie in der Wirtschaft.

Jede politische Partei, jeder religiöse Glauben hat seine Richtigkeit, vielleicht nicht für mich, aber für viele andere. Zuhören, mitreden, Andersdenkenden Raum geben, ohne selber schwach zu werden, führt in die Zukunft. Andersdenkende sanktionieren, verbannen, mundtot machen führt ins Chaos.

Ziviler Ungehorsam ist dabei oft weit zielführender als blinder Gehorsam.

2. Presse und Medien

Presse und Medien gelten als die vierte Macht im Staat. Energie folgt der Aufmerksamkeit. Medien werden zum Schöpfer einer Wirklichkeit. Medien haben diese Macht und setzen sie auch gezielt ein, lenken die Aufmerksamkeit auf erfreuliche Errungenschaften oder auf Missstände, welche bereinigt werden sollen. Sie tragen zur Bildung und zur Gestaltung einer Meinung bei. Sie können Ethik und Moralvorstellungen beeinflussen.

Meinungsfreiheit und Meinungsvielfalt sind grossartige Errungenschaften unserer Zeit. Wir dürfen uns erlauben, frei und auch vielfältig zu denken und dies auch kundzutun. Dies war und ist nicht immer und überall so. Im Mittelalter wurde verbrannt oder exkommuniziert, wer nicht so dachte, wie es Politik und Religion vorschrieben. Exkommuniziert, vom Papst aus den Kreisen der Gläubigen ausgeschlossen, nach dem Tode der Hölle und dem Teufel sicher!! Etwas Schlimmeres konnte man sich im Mittelalter kaum vorstellen. Daher wagte man sich auch nicht, selber zu denken.

Trotzdem gab es auch zu dieser Zeit „todesmutige" Menschen, welche es wagten, allgemein gültige Meinungen zu hinterfragen. Martin Luther kritisierte im 16. Jh. den Unsinn des käuflichen Sündenablasses. Er forderte die Gläubigen auf, dem wahren Gedanken des Glaubens zu folgen und sich nicht durch falsche Ablassbriefe Sicherheit zu erkaufen.

Immanuel Kant, der deutsche Philosoph des 18. Jh., prägte den bedeutungsvollen Satz: „Habe den Mut, dich deines eigenen Verstandes zu bedienen."

Medien der damaligen Zeit haben diese Gedanken publik gemacht, sehr einfach damals, durch Publikation an der Kirchentür, mit von Handpressen gedruckten Lehrbriefen. Das Gedruckte war Macht. Es wurden die Gedanken eines Einzelnen verbreitet und diesen Gedanken Raum verschafft.

Gedrucktes ist wahr, Gedrucktes kann nicht falsch sein, genauso wie der Papst damals unfehlbar war. Diese verheerende Gläubigkeit an Gedrucktes ist heute noch vorhanden. Es gibt leider in unserer „modernen Zeit" noch immer unzählige Menschen, welche die Neuigkeiten aus der Presse als die absolute Wahrheit wahrnehmen und sich nicht vorstellen können, dass dies auch nur die Meinung eines Journalisten oder Autors ist, welcher sich seine Wahrheit aus seinen Recherchen gebildet hat. Je nachdem, wie der Journalist recherchiert, ergeben sich Wahrheiten. Genauso wie dieses Buch, welches nur Gedanken und Ideen vermitteln möchte, aber keine absolute Wahrheit darstellt. Denken und das Gedruckte beurteilen ist die Aufgabe des Lesers.

Heute sind Medien und Presse eine Industrie, eine Meinungsindustrie. Wir werden mit so viel „Meinungsfreiheit" und „Meinungsvielfalt" überhäuft, dass es vielfach gar nicht mehr möglich ist, sich aus der Vielfalt der Informationen ein gültiges Bild zu machen. Wir sind schon durch die schiere Menge an Informationen desinformiert und manipuliert, sicher auch deshalb, weil wir uns in unserer schnelllebigen Zeit kaum die Zeit nehmen, gewisse Informationen zu hinterfragen, schon gar nicht zu überprüfen.

Dabei sei die Frage erlaubt, ob die TV-Sendungen wie „Diner Date", „Bachelor", „Zwischen Tüll und Tränen", „Shopping Queen", „(Irgendwer) sucht den Superstar", „Frauentausch", „Bauer ledig sucht" zu den Medien mit dazugezählt werden dürfen oder ob dies ganz einfach nur ein „flimmernder Hohlraum" zwischen endlosen Reklamesendungen geworden ist, ohne jeglichen Anspruch an irgendwas. Ist dies noch Presse- oder Medienfreiheit, kann dies als Unterhaltung angesehen werden, oder gehört dies zur Freiheit des Menschen, auch verblöden zu dürfen?

James Redfield, ein amerikanischer Soziologe, hat 1996 das Buch „Die Prophezeiungen der Celestine" veröffentlicht. Eine leicht zu lesende Abenteuergeschichte, in welche er sehr geschickt tiefergehende Weisheiten aus Wissenschaft und Soziologie einflocht. Zwei Protagonisten in seinem Buch lässt er über den Journalismus diskutieren: „Berichterstattung ist nur noch ein einziger Rummel, um die Sensationslust zu befriedigen. Keiner will die Wahrheit herausfinden oder sie auf möglichst korrekte Weise präsentieren. Journalisten sind auf der Jagd nach Knüllern, nach dem sensationellsten Blickwinkel und graben dabei selbst den kleinsten Dreck aus. Es wird ausschliesslich im Hinblick auf Zuschauerquoten und Auflagen berichtet. In einer Welt voller übersättigter, abgelenkter Menschen lässt sich nur noch das Unglaubliche verkaufen."

Das sind doch nun schon 25 Jahre her, seit der Veröffentlichung dieses Buches. War dies eine Prophezeiung? Ist Meinungsfreiheit zu

Sensationslust verkommen? Sind Medien kaum mehr auf Wahrheit aus, nur noch auf Sensationen? Fragen, welche sich sowohl die Medienschaffenden wie auch die Leser und Konsumenten von Neuigkeiten immer wieder stellen sollten.

Energie folgt der Aufmerksamkeit. Presse und Medien sind Schöpfer einer Wirklichkeit. Sie tragen sehr viel dazu bei, wie wir die Welt wahrnehmen und sehen. Mit unseren Eindrücken und Informationen gestalten wir unser Weltbild. Die Welt ist eine Illusion, weil sie nicht so ist, wie sie ist, sondern so, wie wir sie sehen.

Wohin richte ich meine Aufmerksamkeit? Dahin, wo mich die Medien lenken. Wir können nicht anders als manipulieren, beeinflussen, manipuliert und beeinflusst werden. Das ist unser Leben und dies nutzen „die Mächtigen" über die Medien geschickt aus. Viele Leser leben von den Schlagzeilen, welche sie zwischen zwei Kaffeetassen aufnehmen, weil sie gar keine Zeit haben, die ganze Geschichte zu lesen. Seriöse Schlagzeilen sind daher ebenso wichtig wie seriöse Zeitungsartikel.

Journalismus ist eine unglaublich anspruchsvolle Tätigkeit. Der Leser liest nicht das, was geschrieben wird, sondern das, was er lesen will. Das, was er liest, interpretiert er zudem so, wie es eine Gedankenwelt, seine Gesinnung, ihm vorgeben.

Paradigmenwechsel:
Nicht gierig raffen, sondern nachhaltig bewirken
Berichten wollen, nicht berichten müssen, nicht die Menge, sondern der Inhalt machen es aus, versehen mit dem Hinweis, wer hat, mit welchem Hintergrund, den Bericht geschrieben. Pro und Contra zu einem Thema, zwei Sichtweisen nebeneinander, könnten den Leser zum Selberdenken anregen.

Paradigmenwechsel:
Nicht immer mehr desselben, sondern so viel wie sinnvoll nötig
Winston Churchills Vision, welche er nach dem Zweiten Weltkrieg
schrieb, wäre auch für die Medien anwendbar: „Die Medien müssten
mit dem, was sie schreiben, eine lebenswerte Welt gestalten können,
ohne Grund, immer mehr zu wollen. Dieser Reichtum würde uns
überlegen machen." (siehe „Politik-Wirtschaft-Religion")

Was kann mein Beitrag zu diesem Thema sein?
Wer nichts weiss, muss alles glauben. Wir sind gefordert, selber zu
denken. Vor allem aber dürfen wir zur Kenntnis nehmen, dass wir
blind sind, dass wir von der Welt überhaupt gar nichts wissen, nur
das, was uns die Medien vermitteln. Wir kennen den russischen
oder den amerikanischen Präsidenten überhaupt nicht, haben mit
ihm noch nie persönlich gesprochen. Unser Bild von ihnen stammt
von den wenigen spärlichen Informationen, welche uns die Presse
übermittelt. Daher sind wir auch nicht berechtigt, zu werten und
zu urteilen, sondern lediglich ein Thema zur Kenntnis zu nehmen.

Ein kleines Experiment: Nach der Tagesschau den Fernseher mal ab-
schalten, ruhig hinsetzen und sich fragen: Was waren die Themen
und wie haben die Themen mein Leben beeinflusst oder verändert?
Sie werden staunen!

3. Gesundheit

Der Virus, welcher uns aus dem scheinbaren Nichts heraus getroffen
hat, zeigt auf einen besonders wichtigen Punkt unserer Gesellschaft
hin, auf das Gesundheitswesen.

Die Wissenschaft hat unser Gesundheitswesen auf einen sehr hohen Stand gebracht. Das Können und Fachwissen, welches im Gesundheitswesen erreicht wurde, lässt uns gewöhnliche Menschen erstaunen. Dank all den Gesundheitsberufen und der Wissenschaft ist unser Wissen über uns, unseren Körper und das Leben im Allgemeinen enorm gestiegen. Nicht irgendein Dämon aus der finsteren Unterwelt fügt uns schuldigen Sündern eine Krankheit, eine Seuche zu, als Strafe für ein sündhaftes Tun, wie dies vor kaum hundert Jahren noch in den Köpfen der Gesellschaft herumgeisterte. Die Wissenschaft gab den Krankheiten einen Namen und fand Methoden, die Krankheiten zu besiegen.

Leider haben die Investoren auch die Gesundheitssysteme in Geiselhaft genommen. Dem lobenswerten Wissen der Wissenschaft steht das HABEN gegenüber, der monetäre Aspekt des Gesundheitswesens.

Die Krankenversicherer in der Schweiz beispielsweise haben heute rund CHF 11'000'000'000 an Reserven alleine in der Grundversicherung angehäuft (Stand 2020 gemäss infosantésuisse vom 15.9.2020). Sie ziehen Prämien ein, immer mehr derselben, und tragen mit dem anvertrauten Geld der Versicherten, zusammen mit den Subventionen des Staates, die Krankheitskosten. 50 % der Staat, 50 % die Versicherer, offensichtlich mit erheblicher Gewinnmarge für die Versicherer.

Warum funktioniert dies? Mangelt es an politischer Kontrolle? Haben auch hier die Lobbyisten der Krankenkassen die Politik längst in Geiselhaft genommen?

Die Sprache der Spitalverwaltungen ist leider auch marktwirtschaftlich geworden. Nicht der kranke Mensch, welcher geheilt werden will, liegt im Spitalbett, es ist das Krankengut. Ist dies ein Freud'scher

Versprecher oder untermauert dieser Wortlaut die These: Das Krankengut bringt Umsatz, wie alle im Welthandel gehandelten Güter. Die Aufenthaltsdauer im Spitalzimmer, welche von den Krankenversicherern festgelegt wird und mit dem Geld des Versicherten und demjenigen des Staates vergütet wird, wird immer kürzer bemessen, was nicht Kosten erspart, sondern eine unsinnige Umsatzsteigerung generiert. Immer schneller verlassen Kranke das Spitalbett, scheinbar um Kosten zu sparen. In Wirklichkeit muss immer schneller Nachschub geliefert werden, um die Auslastung möglichst hoch zu halten. Immer schneller und immer mehr desselben!

Das Gesundheitswesen ist dringend von der Marktwirtschaft zu entkoppeln. Krankenkassen, welche aktienrechtlich organisiert sind, sind einzig dem Aktionär verpflichtet, nicht dem Patienten, nicht der Gesundheit. Wenn die privatwirtschaftlich organisierten Krankenkassen mit unseren Prämien unsinnige Reserven anlegen, stellt sich die Frage einer staatlich organisierten Krankenversicherung.

Es sind nicht nur die Krankenkassen, es sind auch die Spitäler selber, welche immer mehr von Investoren übernommen und aktienrechtlich organisiert werden. Sie müssen in dieser Rechtsform renditeorientiert arbeiten. Die grossartigen Leistungen der Wissenschaft werden durch die grossartigen Gewinnansprüche der Investoren zunichte gemacht.

Die Pharmaindustrie war schon immer den Investoren verpflichtet. Dies zeigt im Besonderen die Corona-Pandemie. Die Pandemie ist einerseits ein Gesundheitsproblem, doch in viel grösserem Masse auch ein Milliardengeschäft. Wer zuerst den Impfstoff hat, ist Gewinner eines milliardenschweren Geschäftes. Versuchskaninchen ist der geimpfte Mensch.

Die Staaten (Politiker) hinterlassen dabei ein jämmerliches Bild. Sie streiten sich um die Anzahl von zugesicherten und gelieferten Impfdosen, anstatt ein globales Konzept auszuarbeiten. Die Pandemie verschwindet plötzlich in den Tunnelblicken überforderter Politiker.

Die Investoren haben die Gesundheit in Geiselhaft genommen, dieser Spruch zieht sich durch alle Bereiche der Gesellschaft und der Politik.

Ein Beispiel: Im Jahre 2020 erhielt Novartis die EU-Zulassung für das Medikament Zolgensma zur Behandlung spinaler Muskelatrophie (Gentherapie). Eine einzelne Dosis dieses Medikamentes kostet gemäss „Welt" vom 25.5.2019 zwei Millionen Euro. Die Entwicklungskosten seien hoch, die Nachfrage gering.

WDR und NDR gingen der Genese des teuersten Medikamentes der Welt nach. Im Zentrum stehen die Eltern von Sophia Gaynor in New York. Sophia wurde mit SMA Typ 1 geboren. Um ihre Tochter zu retten, gründeten die Eltern eine Stiftung und sammelten Geld, um die Forschung des Mediziners Brian Kasper zu fördern, welcher sich bereits vertieft mit dieser Krankheit befasst hatte.

Nach ersten Erfolgen übertrug das Krankenhaus, in welchem der Mediziner Kasper wirkte, die Rechte am künftigen Medikament Zolgensma an eine von Finanzinvestoren gegründete Firma AveXis. Immer mehr Finanzinvestoren wurden an Bord geholt, bis im April 2018 AveXis für 8,7 Milliarden US-Dollar an Novartis verkauft wurde.

Der Vorsitzende der deutschen Arzneimittelkommission, Wolf Dieter Ludwig, meint gemäss „tagesschau.de" vom 19.5.2020 dazu: „Ich halte es für sehr problematisch, wenn bei lebensnotwendigen

Medikamenten die Ökonomie und die Frage der Investoren und ihrer Gewinne eine derartig dominierende Rolle spielt."

Im Spiel der Investoren ist Gesundheit eine Goldgrube, weil Milliarden von Menschen gesund bleiben wollen. Da kann man auch immer etwas nachhelfen. Als der gesundheitlich noch erträgliche Cholesterinwert in den USA neu tiefer definiert wurde, ergaben sich über Nacht Millionen von neuen Patienten, welche das entsprechende Medikament benötigten.

Hinzu kommt, dass Gesundheit heute für sehr viele „Scheinkranke" ein Konsumgut geworden ist. Wir delegieren die Verantwortung für unsere Gesundheit an den Arzt, die Ärztin oder an das Spital. Wir sind Konsumenten eines Gesundheitssystems. Wir treiben Sport bis zur Krankheit, wir erzwingen eine Karriereleiter bis zum Umfallen, wir bilden uns, vom Internet befeuert, Krankheiten ein, bis wir sie zu haben scheinen und einen Arzt aufsuchen.

Das ganze Leben des Menschen ist das Produkt seiner eigenen gedanklichen Vorstellungskraft. Alles, was geschieht, besitzt eine entsprechende Ursache im eigenen Bewusstsein. Diese Tatsache sollte uns bezüglich Gesundheit immer wieder bewusst werden. Wir haben das Gefühl für unseren Körper verloren, weil er unwichtig geworden ist, weil er Mittel zum Zweck für unsere Konsumwut, für unsere Sportwut und unsere Karriereleiter geworden ist. Dies ist nicht ein Thema, das nur mich persönlich angeht, sondern die Krankheitskosten in die Höhe schnellen lässt.

Gerne komme ich nochmals auf die Bücher von James Redfield, dem amerikanischen Soziologen, zurück. Auch über Gesundheit lässt er eine in seiner Geschichte auftauchende Ärztin mit einem verunfallten

Abenteurer diskutieren. Nach einer Knöchelverstauchung in der Wildnis erteilt die zufällig anwesende Ärztin Ratschläge: „Früher war der Arzt der Fachmann und Heiler und der Patient ein passiver Empfänger, der hoffte, dass der Doktor wusste, was er tat. Heute wissen wir, dass die innere Einstellung des Patienten ausschlaggebend für die Heilung ist. Die ärztliche Meinung sollte nur mit grösster Zurückhaltung ausgesprochen werden dürfen. Dass der Geist des Menschen über unermessliche Kräfte verfügt und der Arzt sehr vorsichtig mit den Prognosen umgehen soll, ist inzwischen bekannt. Viele Patienten starben unter den Händen der Mediziner, weil ihr Fall für aussichtslos erklärt wurde.“

James Redfield hat vor 25 Jahren beschrieben, was heute Normalität ist: Wir hören nicht mehr auf unseren Körper, kaufen uns Gesundheit und werden dabei immer kränker, weil wir die Kräfte unseres Geistes und die Sprache unseres Körpers verlernt haben.

Paradigmenwechsel:
Nicht gierig raffen, sondern nachhaltig bewirken
Soll das Gesundheitswesen marktwirtschaftlich organisiert sein? Ist der Staat seinen Bürgern verpflichtet oder der Marktwirtschaft?

Versicherbar könnte die Hotelleistung eines Spitals sein (Einzelzimmer, Dreierzimmer, privates Zimmer mit Sicht auf See und Berge), nicht aber die medizinische Leistung. Ist Letzteres überhaupt ethisch vertretbar? Ist es allenfalls sogar ethisch richtig, die medizinische Leistung den privaten Versicherern wegzunehmen?

Paradigmenwechsel:
Nicht immer mehr desselben, sondern so viel wie sinnvoll nötig
Dr. Manfred Lütz schreibt in seinem Buch: „Irre! Wir behandeln die

Falschen“, die häufigste Krankheitsursache ist die Diagnose. Je mehr Covid-Tests, je mehr covidpositiv Getestete, je mehr Panik, je mehr Arztbesuche, je mehr Kosten, umso mehr Gewinne. Immer mehr desselben entbindet uns so von unserer ureigenen Pflicht, für unsere Gesundheit selber Sorge zu tragen.

Was kann mein Beitrag zu diesem Thema sein?
Gesundheit ist kein Konsumgut. Bin ich fähig, meinen Körper wieder als kostbares Gut selber zu kennen und abzuschätzen, ob er in Not ist oder einfach mal eine Pause benötigt? Es lohnt sich, die Sprache des Körpers wieder zu erlernen. Mit unserem sportlichen und beruflichen Ehrgeiz fordern wir vom Körper Höchstleistungen, bis er nicht mehr kann. Wenn der Körper dann nicht mehr kann, wir nicht auf ihn hören, dann bleibt ihm nur noch der Kollaps, der Zusammenbruch.

4. Reisen und Vergnügen

Greta Thunberg hat es geschafft, mit ihrem vorerst einsamen Protest gegen die Umweltzerstörung eine weltweite Bewegung zu mobilisieren. Schüler und Schülerinnen haben weltweit die Schule geschwänzt, um auf die Zerstörung der Umwelt und damit auf die Zerstörung ihrer Zukunft aufmerksam zu machen. Rektoren und Rektorinnen wussten auf diese Bewegung oftmals keine andere Antwort, als die Teilnahme an den Protesten und das damit notwendige Fernbleiben vom Unterricht mit einer unentschuldigten Absenz zu bestrafen!

Der enorme Druck der Jugendlichen hat die Politik zum Denken angeregt. Es waren nun einmal nicht die Lobbyisten, welche ihnen das Denken ersparten, nein, jetzt stand die Jugend lautstark auf der Strasse und forderte Lösungen.

Zwei Milliarden Menschen fliegen jährlich um den Erdball, aus Reiselust und Vergnügungssucht, Tendenz steigend. Die Abgase der Millionen von Flugzeugen, welche in den oberen Schichten unserer lebensnotwendigen Atmosphäre abgelassen werden, vergiften unser Klima. Es sind nicht die Abgase alleine, wir tragen unseren Müll in die abgelegendsten Teile der Erde. Am Mount Everest, dem höchsten Berg der Erde, türmen sich die Abfallhaufen und in der Antarktis, wo in der unendlichen Weite dieser fantastisch unbewohnten Region unserer Erde keine Polizei patrouilliert, entsorgen die Kreuzfahrtenschiffe ihre Abwassertanks, womöglich auch die Fäkalien.

Wenn wir uns vom Grundsatz „Nicht, wer hat, sondern wer nachhaltig bewirkt" leiten lassen, so ist das heutige kommerzielle Konsumgut Fernreisen der wohl grösste Unsinn, den der Mensch je erfunden hat. Wir bewirken damit überhaupt nichts. Unsere Fliegerei und unsere konsumorientierten Fernreisen tragen nichts zum Kulturverständnis, zum Verständnis anderer Denk- und Lebensweisen bei. Wir kommen uns weltweit nicht näher, weil wir aus lauter Konsumgier reisen. Ich will nicht dies, ich will nicht das, ich will alles! Dies führt dazu, dass wir Jahr für Jahr die Kontinente abhacken. Wir belasten die Erde aus reiner Vergnügungssucht und innerer Leere. Die innere Leere ist zur Pause zwischen zwei Fernreisen geworden.

Wir trampeln zu Millionen auf den Kulturstätten und Naturwundern herum und zerstören damit das, wonach wir uns eigentlich sehnen. Fernreisen bringen uns keine neuen Ansichten, erneuern uns nicht, geben uns nicht Kraft und Ideen für die Gestaltung einer erfüllten Zukunft. Nein, wir glotzen in einem fremden Land herum, wie das eine Kuh auf der Wiese auch macht.

Da mir die Tatkraft fehlt, das eigene Leben zu bereichern, weil ich unfähig bin, mich zuhause nützlich zu machen, weil mir der Humor des Lebens fehlt, muss ich reisen und die Sucht nach Abwechslung meines armen Geistes mit Selfies untermauern, welche ich rund um die Welt sende, um mich scheinbar reich und gebildet aussehen zu lassen. Ich prahle, anstatt etwas zu bewirken.

Bei all dieser Kritik ist es mir wichtig: Nicht alle, die reisen, gehören in diese Kategorie von Reisesüchtigen. Reisen können auch heute noch bereichern, sind auch heute noch eine sinnvolle Tätigkeit, doch gilt es einiges zu beachten. Paulo Coelho, der brasilianische Schriftsteller, hat in seinem Märchen „Der Alchimist" das Reisen wundervoll und auch beeindruckend beschrieben.

Ein andalusischer Hirte hatte einen immer wiederkehrenden Traum von einem Schatz, der für ihn in der weiten Welt bereit liegt. Nach vielen intensiven Fragen zu sich selber und zu seiner eher bescheidenen Existenz fasste er einen Entschluss. Er wagte sich hinaus in die weite Welt und begab sich auf eine Reise, welche ihn über Tanger in die Oasen der Wüste bis hin nach Ägypten führte. Er fand in der Stille der Wüste immer mehr zu sich selber und erkannte, was das Leben für Schätze beinhaltet, welche im Innern eines jeden einzelnen Menschen liegen. Er fand die Liebe und das tiefe, innere Glück und schlussendlich einen Alchimisten, der ihm erklärte: Ganz egal, wo man ist, jeder Mensch steht jederzeit im Mittelpunkt der Weltgeschichte.

Eine wunderbare Geschichte, wie ich finde, welche den Wert des Reisens beschreibt. Der Aufbruch zu neuen Horizonten, der Ausbruch aus der engen, vielleicht sogar beschränkten Welt des monotonen Daseins, die Suche nach einem „Schatz", welcher den Sinn des Lebens aufzeigt. Das Zu-sich-Finden und mit dem wahren Schatz des Lebens und reichen Erkenntnissen zurückkehren. Im Reisen den Humor des Lebens finden und das eigene Leben bereichern, um sich zuhause wieder nützlich zu machen. Eine Reise, welche nach reiflichen Überlegungen angetreten wurde.

Ganz anders ist das Reisen heute und es unterscheidet sich auch wesentlich vom Reisen, welches Paulo Coelho beschreibt. Fast 2'000'000'000 Menschen sind jährlich unterwegs auf Reisen, und wo immer sie ihr Transportmittel (Flugzeug, Schiff, Reisecar, Eisenbahn etc.) verlassen, treffen sie auf eine gewaltige Menge Gleichgesinnter vor Ort, welche die Strassen verstopfen, die Denkmäler fotografieren, die Restaurants überfüllen, die Nationalparks kaputt trampeln. Es sind Reisen, welche nicht nach reiflichen Überlegungen angetreten wurden, sondern aus dem Katalog gebucht wurden, oft ohne genau zu wissen, wo denn das Reiseziel genau liegt.

Reisen ist mit einem ungeheuren Dichtestress verbunden. Selbst in der Antarktis stehen die Kreuzfahrtenkapitäne dauernd miteinander in Funkkontakt, um ein Aufeinandertreffen zweier Kreuzfahrtenschiffe zu verhindern. Dies nur deswegen, weil den Passagieren vermittelt werden soll, alleine in der unendlichen (kreuzfahrtüberfüllten) Wildnis zu sein.

Reisen ist eine Sucht geworden, eine Droge, ein Konsumverhalten. Da muss ich hin und nicht nur dahin, ich will auch dorthin und das sofort. Diese Sucht, dieser unkontrollierte Konsum nach immer mehr wird unseren Planeten aus den Angeln heben, weil der Wert des Reisens nicht die Erfüllung eines Traums ist, sondern ein gieriges Raffen, ein gieriges Hetzen von einer Reise zur anderen.

Es ist wie beim Biertrinken. An einem heissen Sommertag ist ein kühles Bier im Schatten eine wahre Erfrischung. Fünf oder sechs Biere hingegen haben dieselbe Wirkung wie der krankhafte Reisezwang. Wir werden beduselt. Mit dem Reisen machen wir zusätzlich den Lebensunterhalt ganzer Landstriche von unserem kranken Tun abhängig. Die Corona-Pandemie zeigt es eindringlich: Ohne unser gehetztes Reisen werden ganze Landstriche dem wirtschaftlichen Ruin ausgesetzt. Die Tourismusindustrie hat ganze Bevölkerungsschichten in Geiselhaft genommen.

Als Tourist in dieser boomenden Reisekonsumwelt bin ich kein Völkerverständiger, kein Botschafter des Friedens, kein Entwicklungshelfer, sondern ein Ausbeuter. Ich bringe nichts, ich hole woanders, was ich mangels eigener Kreativität zuhause nicht finde. Ich lebe auf Kosten anderer, Kraft meines Einkommens, dank der Devisenknappheit in der „Dritten Welt", dank der Arbeitslosigkeit und den tief gehaltenen Löhnen am Zielort. Ich lebe auf Kosten fremder Kulturen, weil ich der eigenen Kultur entfremdet bin. (Peter Braunschweig, 1933–1980)

Das coronabedingte Innehalten wäre die grosse Chance, unser Tun zu überdenken und sinnvoll zu korrigieren. Wir können und dürfen das Reisen nicht verbieten, sollten es mit einer „Suchtprävention" aber in vernünftigere Bahnen lenken.

Was meiner Meinung nach sinnvoll wäre, ist, eine Fern- oder Weltreise pro Jahr unbesteuert zu belassen, denn sie bereichert unser Leben, unsere Sichtweise. Wer eine zweite Fern- oder Weltreise pro Jahr antritt, müsste eine Abgabe von CHF 1'000 leisten, wer sich drei und mehr Fern- oder Weltreisen pro Jahr leisten kann, sollte für jede Fern- und Weltreise CHF 5'000 abgeben.

Da wir in unserer digitalen Welt so oder so schon gläserne Menschen sind, wäre die Führung einer solchen Datei absolut kein Problem. Reisen könnten zudem nur jene, welche für diese Datei auf Datenschutzbestimmungen verzichten würden.

Wohin soll das Geld fliessen? Es gibt beispielsweise Afrikas grüne Mauer im Sahel, eine Initiative, welche von der Afrikanischen Union geführt wird. Ziel ist die Erschaffung eines grossen Mosaiks aus grüner und produktiver Landschaft, welches sich über Nordafrika, die Sahelzone und das Horn von Afrika erstreckt. Das Projekt wurde im Juli 2005 von der Afrikanischen Union beschlossen. Mit unserem Klimasündergeld wäre die Finanzierung dieses grossartigen Projekts gesichert. Nebst dem Ziel der Verhinderung von Bodendegradation und Dürre gäbe es wieder viele überlebensfähige Dorfgemeinschaften, Arbeitsplätze und schlussendlich auch wesentlich weniger Klima- und Wirtschaftsflüchtlinge.

Dies ist nur ein Beispiel, wie wir mit Klimasündergeldern vernünftig umgehen könnten. Viele weitere Projekte in Südamerikas Urwäldern, in kargen Himalaya-Regionen, in Steppen und Tundren würden nicht an der Finanzierung scheitern. Sie würden ein würdiges Leben für alle Menschen auf diesem Planeten schaffen, die Natur schützen, Arbeit schaffen und Klima- und Wirtschaftsflüchtlinge verhindern.

Es kann nicht sein, dass ein Teil der Erdbevölkerung eine „Spass- und Party-Gesellschaft" ist und mit ihrem süchtigen Tun die Welt zerstört und im gleichen Zeitraum ein grosser Teil der Menschen desselben Erdballs infolge massiver Klimaveränderungen auf der Flucht vor Hunger und Dürre ist. Wird es der Reisebranche gelingen, den gedankenlosen, konsumorientierten Massentourismus in ein sinnvolles und bereicherndes Reisen zu lenken?

Paradigmenwechsel:
Nicht gierig raffen, sondern nachhaltig bewirken

Gierig raffen hat nicht nur mit Geld und Kapital zu tun, auch Reisen kann gierig gerafft werden. Die Qualität unseres modernen Lebens hängt nicht von einem Mehr an Freizeit und Reisen ab, sondern davon, ob es uns gelingt, mit einer sinnvollen Aufteilung zwischen Arbeitsleben und Freizeitleben wieder in eine qualitativ hochstehende Lebenseinheit zurückzufinden, eine Lebensqualität, welche wir zuhause finden und nicht erst in 10'000 km Entfernung. Nicht, wer die ganze Welt gesehen hat, zählt, sondern diejenigen, welche aus einer Reise etwas Wertvolles, Nachhaltiges mit nach Hause genommen und nebst den Devisen auch etwas Nachhaltiges am Zielort zurückgelassen haben.

Paradigmenwechsel:
Nicht immer mehr desselben, sondern so viel wie sinnvoll nötig

Mehr desselben macht uns nicht glücklich. Wenn ich auf dem Rückflug von einer Weltreise nur dann ruhig sitzen kann, weil ich die nächste Weltreise schon wieder gebucht habe, dann ist etwas mit meiner Psyche nicht in Ordnung. Dann lohnt es sich, vom „Immer mehr desselben" Abstand zu nehmen, um sich die Frage zu stellen, wo liegt mein persönliches Defizit. Diese Frage ist nicht nur meine ganz private Angelegenheit, nein, mit meinem ungewöhnlichen Tun belaste ich den ganzen Globus, mit Auswirkungen auf den Menschen, auf die Tierwelt, auf die ganzen irdischen Kreisläufe und schlussendlich auf unser aller Überleben.

Was kann mein Beitrag zu diesem Thema sein?

Gönne ich mir eine gut vorbereitete Reise oder konsumiere ich den Reiseprospekt? Bin ich auf der Flucht vor mir selber? Muss ich nach Indien, weil der Nachbar auch dort war, oder gönne ich mir diese eine einmalige Reise, um mein Leben zu bereichern?

5. Mountainbiker, Hundekot, Alpenverein

Was haben diese drei Begriffe miteinander zu tun, werden Sie fragen? Ist diese Überschrift zielgerichtet provokativ?

Ich denke, zu diesen Themen ergeben sich viele grundlegende und tiefergehende Gedanken, welche wir uns für unsere Zukunft machen sollten. Macht es Sinn, die Hektik der Mountain- und Elektrobiker auf Gebirgswege und Hüttenaufstiege, Saumpfade und teilweise hochalpine Wege auszuweiten? Die schmalen, beschaulichen Wanderwege und Hüttenaufstiege werden zu hektischen, nervösen Tummelplätzen umgestaltet. Brauchen Körper und Geist die Ruhe und Beschaulichkeit einer intakten, ruhigen Natur, oder soll die in der Gesellschaft schon verbreitete Hektik in die Ruhe der Natur hinausgetragen werden?

Im schweizerischen Strassenverkehrsgesetz (Art. 43) wäre dies eigentlich geregelt: „Wege, die sich für den Verkehr mit Motorfahrzeugen oder Fahrrädern nicht eignen oder offensichtlich nicht dafür bestimmt sind, wie Fuss- und Wanderwege, dürfen mit solchen Fahrzeugen nicht befahren werden." Bundesrecht steht über den kantonalen Rechten, somit wäre eigentlich klar geregelt, was in der Gebirgswelt gilt. Keine Mountainbiker.

Wieso denn tummeln sich trotzdem in unserer Bergwelt immer mehr Biker in einem immer grösseren Dichtestress? Ist es deshalb, weil in den Bergen keine Polizei die Einhaltung der Verkehrsregeln überwacht? Ist es deshalb, weil wir uns immer weniger um Gesetze kümmern und Gesetze für uns nur dann gültig sind, wenn sie den eigenen Bedürfnissen dienen?

Der Schweizer Alpenclub anerkennt inzwischen die Hektik des

Bikertums in den Alpen als Bergsport, ohne sich Gedanken zu machen, wie diese Hektik geregelt werden soll. Das kann Folgen haben, denn die Sportler, welche sich der klassischen Art des Motocrosses, dem Befahren von Strecken in freiem Gelände mit Motorrädern, widmen, könnten sich mit Recht fragen, wieso ihr Sport nicht auch auf die Bergwelt ausgedehnt und als Bergsport anerkannt werden kann. Es ist derselbe Sport, mit Rädern in der Alpenwelt herumzukurven, die einen mit Elektromotoren, die anderen mit den etwas lauteren Crossmaschinen, ein paar wenige versuchen es mit Strampeln aus eigener Kraft.

In Artikel 2 der Statuten des Schweizerischen Alpenclubs SAC steht: „Er (der SAC) setzt sich für die nachhaltige Entwicklung und Erhaltung der Bergwelt ein, sowie für Kultur, die im Zusammenhang mit den Bergen steht."

Wie viel Mobilität erträgt die Natur und wieweit nützt dies einer nachhaltigen Entwicklung und Erhaltung der Bergwelt? Ab welcher Dichte schadet diese Mobilität, nicht nur den gestressten Wanderern, auch der Tier- und Pflanzenwelt? Zu viele Biker verdichten die Böden, ihre Bremsspuren reissen Gräben auf, welche bei Regen oder Gewittern schnell zu tiefen Rinnsalen werden. Die Fluchttiere der Alpen sind dauernd auf der Flucht vor Bikern, denn die Mountainbiker sind plötzlich im Blickfeld der Tiere, nicht gemächlich, wie die Wanderer. Diese Diskussion wurde bisher meines Wissens noch nie geführt.

Dass die Gletscher mittlerweile verschwinden, haben wir bereits mit Gleichgültigkeit zur Kenntnis genommen. Dass mit der Hektik der zunehmenden Mobilität in den Alpen mittlerweile auch die alpine Tier- und Pflanzenwelt zugrunde geht, kann man (noch) nicht sehen und es ist daher auch (noch) kein Thema.

Irgendwie sind unser Denken und Handeln kaum rational, kaum verständlich und schon gar nicht logisch. In unserer Spassgesellschaft gilt nur das, was mir ganz persönlich Freude und Spass macht oder meiner Sportwut dient. Ich will alles, und zwar sofort!

In der schweizerischen Bundesverfassung steht: „Der Bund schützt das Alpengebiet vor den negativen Auswirkungen des Transitverkehrs. Er begrenzt die Belastungen durch den Transitverkehr auf ein Mass, das für Menschen, Tiere und Pflanzen sowie ihre Lebensräume nicht schädlich ist. Der alpenquerende Gütertransitverkehr von Grenze zu Grenze erfolgt auf der Schiene. Die Transitstrassen im Alpengebiet dürfen nicht erhöht werden.“

Dieser Gesetzesartikel wurde vom Volk mittels einer Volksinitiative und durch eine Mehrheit bei der anschliessenden Abstimmung ins Gesetz geschrieben. Es ist anzunehmen, dass genau dieses Volk, welches damals JA gestimmt hat, nun selbst in die abgelegensten Gegenden unserer Alpen mit Bikes und leistungsstarken Elektromotoren fährt. Viele, die damals mit Energie und Engagement für die Alpeninitiative geworben haben, fahren heute mit derselben Energie über die Saumpfade und die abgelegenen Alpenregionen und zerstören das, was sie eigentlich schützen wollten.

Was hier ganz besonders augenfällig wird, ist das inkonsequente Verhalten dieser Sportler. Sie zerstören eine intakte Alpenwelt und erwarten vom Gütertransitverkehr, dass dieser geregelt wird, weil er eine intakte Alpenwelt zerstört.

Gesetze für andere erlassen oder fordern ist einfach. Die anderen sollten gefälligst einsichtig werden und etwas tun oder lassen.

Dieselbe Einsicht fehlt aber, wenn es den eigenen Bedürfnissen, der eigenen Spasskultur widerspricht.

Wieso setzen sich Tourismusverbände, Alpenvereine und Bikerverbände nicht zusammen, um gemeinsam im gesamten Alpenraum nach Lösungen zu suchen? Die Hektik des Bikertums ist auf begrenzte Räume einzuschränken, damit Fauna und Flora der Alpen geschützt werden. Es macht absolut keinen Sinn, auf politischer Ebene den Güterverkehr mit Lastwagen im Alpenraum zu beschränken und die Hektik einer neuen Mobilität in die entlegensten Alpenregionen zu fördern.

Es gibt bereits sinnvolle Konzepte, beispielsweise im Berner Oberland. Der Mountainbiker- und Fussgängerverkehr wurde dort in einigen Regionen sehr durchdacht getrennt. Es gibt rote Wegweiser für Biker und es gibt die bekannten gelben Wegweiser für Wanderer. Bei vielen gelben Wegweisern wurde zusätzlich angeschrieben „Keine Biker", da die Wege sehr schmal sind, oft in schwierigem Gelände.

Da schwieriges Gelände den Reiz des Bikertums ausmacht, werden die extra für Mountainbiker gebauten oder ausgebauten Wege leider trotzdem nicht befahren, weil es an Weitsicht fehlt. Es liegt kein Kick auf diesen Wegen.

Es geht hier nicht um die Biker, es geht um die Biodiversität, welche mit den Rädern kaputtgekarrt wird, es geht um die Flora und Fauna unserer Alpenwelt.

Wenn diese sinnvolle Arbeit der Berneroberländer eingehalten würde, wäre allen gedient: Dem Wanderer, dem Biker, der Natur und der alpinen Tier- und Pflanzenwelt. Ein Modell, welches für den ganzen Alpenraum dringend umgesetzt werden müsste.

Nun werden Sie sich fragen: Was hat dies mit Hundekot zu tun?

Es ist ein und dasselbe Thema, der fehlende Bezug zur Natur, das Feingefühl für die Funktionsweise von Natur und Gesellschaft, das Nichteinhalten von Regeln und gesundem Menschenverstand.

Hundekot zersetzt sich sehr langsam, der Geruch geht ins Futter der Tiere über und es bestehen gesundheitliche Risiken für Kühe und Kälber. Wer im Siedlungsgebiet in Hundekot steht, wird dies noch sehr lange an den eigenen Schuhen zu riechen bekommen, auch wenn sie geputzt sind.

Daher ist Hundekot vorschriftsgemäss ins Plastiksäcklein aufzunehmen und in extra dafür bereitgestellte Boxen zu legen. Die gemeindlichen Werkdienste entsorgen die Boxen regelmässig fachgerecht.

Immer mehr findet man entlang von Wanderwegen den verpackten Hundekot. Er wird gedankenlos am Wegrand deponiert, weil in Sichtweite gerade keine Entsorgungsbox vorhanden ist. Den Hundekot mitzutragen scheint nicht zumutbar zu sein.

So wird die Natur von Bikerädern kaputt gekarrt und mit Hundekotsäcklein zugepflastert.

Paradigmenwechsel:
Nicht gierig raffen, sondern nachhaltig bewirken
In der Langsamkeit und Beschaulichkeit einer Wanderung durch die (noch) intakte Natur liegt die hohe Qualität des Seins. Mit dem Bike die Alpwiesen herunterrattern lässt uns keine Zeit, die Schönheit der Natur zu betrachten. Adrenalinkick benötigt Tempo, und Tempo zerstört die Qualität der Zeit, die Qualität des Lebens und ist nicht

nachhaltig. Wenn ich am Morgen einen Alpengipfel erradelt habe, was mache ich mit dem Nachmittag?

Paradigmenwechsel:
Nicht immer mehr desselben, sondern so viel wie sinnvoll nötig
Nicht alles, was möglich ist, ist auch sinnvoll. Nicht immer schneller, immer höher, immer weiter, immer steiler macht Sinn, sondern das, was unserem Geist und unserer Seele guttut. Ein falscher sportlicher Ehrgeiz, eine falsche sportliche Sichtweise gefährdet uns selbst, Flora und Fauna und die Menschen, welche mit uns unterwegs sind.

Was kann mein Beitrag zu diesem Thema sein?
Was vom Güteverkehr gefordert wurde, soll auch für unser Freizeitverhalten gelten. Wie sinnvoll wäre es, unsere gehetzte Konsum- und Spassgesellschaft wieder zurückzuführen in die Beschaulichkeit der Natur und die Qualität der Zeit? Nicht die anderen, sondern ich bin gefragt!

6. Arbeitszeitmodelle, bedingungsloses Grundeinkommen, eine neue Rolle des Staates

Bevor wir uns den Arbeitszeitmodellen und dem bedingungslosen Grundeinkommen widmen, ist es sinnvoll, sich über Bildung zu unterhalten. Unsere Arbeitswelt und das, was wir in unserer beruflichen Tätigkeit bewirken möchten, hängt unmittelbar mit Bildung zusammen. Bildung ist nicht nach dem Abschluss einer Ausbildung beendet, Bildung ist ein lebensbegleitender Entwicklungsprozess, welcher nicht von „Richtig/Falsch" geprägt sein darf. Es ist ein Miteinander von vielen, je nach Menschen, geprägten Erfahrungen und Ansichten.

Lernen und Bildung sind unglaublich spannend. Bildung heisst: Interesse an einem Thema wecken und entwickeln. Bildung heisst Fehler machen und an ihnen lernen und mit viel Erfahrung gross werden. Bildung heisst: Kreativ aus dem erworbenen Wissen und den gemachten Fehlern etwas Neues gestalten. Bildung ist die Freude, mit Wissen noch mehr Wissen zu generieren. Bildung ist ein kritisches Hinterfragen, den Mut haben, selber zu denken und auch die eigene Sichtweise zu überdenken.

Albert Einstein ist für mich der Inbegriff von Bildung. Das Gymnasium brach er mit 16 Jahren vorerst einmal ab. Ein Studium an der ETH Zürich wurde ihm später versagt, weil er keinen Schulabschluss hatte. In der Folge versuchte er eine Studienberechtigungsprüfung nachzuholen, welche er infolge schlechter Französischkenntnisse nicht bestand. Er holte daraufhin die Matura nach, welche er mit Auszeichnung bestand, und schloss dann in den Fächern Mathematik und Physik ab. Seine Aushilfslehrertätigkeit gab er bald wieder auf und wurde staatlicher Beamter, technischer Prüfer.

Zum Ruf eines weltweiten, absolut einmaligen Genies haben ihm also nicht eine elitäre Hochschule und eine Bilderbuchkarriere verholfen, sondern das Interesse an einem Thema, die Freude, mit Wissen noch mehr Wissen zu generieren, und der Wille, sein Ziel nicht aus den Augen zu lassen, auch wenn die Wege zum Ziel oft viele Kurven und Abzweigungen beinhalteten.

Bildung wird in unserer „modernen" Welt leider oftmals darauf reduziert, was mit Bildung verdient werden kann. Ein Berufs- oder Universitätsabschluss ist zum Garanten eines höheren Gehaltes und Lebensstandards geworden. Die Experimentierfreude erstickt am Renditedenken. Die Kostenstellenrechnung wird zum Killer kreativen Wissens.

Corona hat eine Variable verschoben und unsere Wirklichkeit sah plötzlich ganz anders aus. Viele Betriebe, aber auch Arbeitnehmende, standen vor dem Aus. Innerhalb von wenigen Wochen wurde die Existenzfrage, das Überleben, zum zentralen Thema. Viele mussten den erniedrigenden Weg zum Konkursamt, zur Arbeitslosenhilfe, zur Sozialhilfe antreten. Plötzlich war selbst das Diplom einer Hochschule nichts mehr wert, weil viele eine ähnliche Ausbildung vorweisen konnten und auch auf Arbeitssuche waren. Die Chance, irgendeinen Job, beispielsweise in einem Gastronomiebetrieb, zu erhalten, war selbst mit der Hotelfachschule auf null gesunken, weil alle Gastronomiebetriebe, coronabedingt, geschlossen blieben.

Wir sind gebildet, ausgebildet und haben keine Chance, einen Arbeitsplatz zu finden. Ausbildung ist in einer starren Wirtschaftswelt auf ein starres Angebot mit hochspezialisiertem Wissen ausgerichtet. Was uns fehlt, ist das Wissen, wie man mit Bildung das Leben kreativ gestalten kann. Es besteht ein Überangebot an Bildung und ein Mangel an Kreativität.

Chancen haben in der Zukunft diejenigen, welche Bildung und Kreativität miteinander verbinden können. Kreativität ist leider keine Ausbildungsdisziplin, sie wird uns gar nicht vermittelt, weil die Zeit dazu fehlt. Kreativität ist im streng monetär ausgerichteten Wirtschaftsleben nicht messbar, leider eher dem Zirkus und dem Theater zugeordnet. In einer Welt, in welcher es Reglemente zur Erstellung von Reglementen gibt, hat Kreativität nichts zu suchen.

Wer dringend eine neue Anstellung haben muss, wer dringend einen Lohn haben muss, wird erpressbar, unterwürfig, gefügig und macht (Macht des Arbeitgebers), was er eben machen muss, ohne Kreativität, ohne Lust und Freude. Ich muss den Job und den daraus resultierenden Lohn haben. Bildung = Job = Lohn = Überleben. Leider wird so jeder Job, trotz Bildung, zu einem gewaltigen Klumpenrisiko, ein Risiko, welches kein vernünftiger Betriebsinhaber für seinen eigenen Betrieb eingehen würde. Ein einziger Auftrag, von welchem das Überleben eines Betriebes abhängig ist, wird in der Betriebswirtschaft nicht geduldet, wird vom Arbeitnehmer aber gefordert.

So stellt sich die Frage des bedingungslosen Grundeinkommens, welches zum Leben ohne Mountainbike, ohne Auto, ohne Ferien, ohne Yogastunden reicht. In einer Situation wie Corona würde damit ein Jobverlust nicht gleich zur Existenzfrage führen. Es bliebe Zeit und Raum für die Suche nach Alternativen und der Mensch würde nicht mehr nach „Arbeit habend" oder „arbeitslos sein" eingeteilt. Die einen auf der Sonnenseite, die anderen auf der Schattenseite des Lebens.

Ist somit ein Gesellschaftsmodell erstrebenswert, in welchem Arbeit und Lohn eine andere Rolle spielen? Ist ein Gesellschaftsmodell erstrebenswert, in welchem das Überleben nicht zwingend von Arbeit abhängig ist?

Sich ab dem vierzigsten Altersjahr auf die Pension zu freuen, ist ein Zeichen einer absolut kranken Arbeitswelt und dieses Warten auf die Pension ist bei nicht wenigen der Grundgedanke eines freudlosen Lebens und Arbeitens geworden.

Natürlich wäre den Menschen Arbeit und Lohn nicht gleichgültig, weil sie sich den Luxus gönnen möchten, der mit dem alleinigen Grundeinkommen vorenthalten bliebe. Der Mensch braucht einen Lebenssinn, eine Aufgabe, die Freude, an etwas Sinnvollem mitwirken zu dürfen. Der Arbeitgeber könnte sich freuen, denn die

Lohnkosten würden massiv kleiner werden. Er, der Arbeitgeber, wäre nicht mehr für die Existenz des Arbeitnehmers und seiner Familie verantwortlich, sondern nur für das Entgelt für die kreative Mitarbeit und das sinnvolle Wirken.

Will die Wirtschaft diese grosse Machtfülle nicht abgeben, weil sie damit die Macht über den Arbeitnehmer verliert? Wirtschaft, das habe ich schon unter „Wirtschaftsliberalismus" erwähnt, ist nicht mehr das, was aus den Wurzeln der Aufklärung im 17. Jh. entstand. Wirtschaft ist Machtfülle, hat vielfach mit Manipulation und blindem Gehorsam zu tun. Sind da „freie Mitarbeiter" gefährlich?

Hier ist wiederum klar auseinanderzuhalten, von welcher Wirtschaft wir sprechen:
- Wirtschaft, welche eine Gesellschaft unterstützt und sie mit den notwendigen Gütern versorgt oder
- Wirtschaft, welche eine Gesellschaft ausbeutet, zum Wohle einiger weniger.

Stellt sich die Frage, wer das bedingungslose Grundeinkommen finanzieren würde, wenn es uns gelänge, es einzuführen. Vorerst entfielen dem Staat eine Menge an Auslagen. Es bräuchte keine Altersrente, keine Invalidenversicherung, keine Sozialhilfe, keine Arbeitslosengelder, keine Waisen- und Witwenrenten mehr. Allenfalls könnten sogar Subventionen entfallen, weil die subventionierten Existenzen durch das Grundeinkommen gedeckt wären. Diese ausfallenden Auslagen wären bereits finanziell eine Grundlage für das bedingungslose Grundeinkommen.

Bedingungsloses Grundeinkommen heisst nicht, dass Wirtschaft und Arbeit aufgehoben würden. Im Gegenteil! All jene, welche Arbeit aus irgendwelchem Grund als Last empfinden, müssten sich nicht mehr abmühen. Mit Abmühen entsteht nichts Sinnvolles. All jene – und ich gehe davon aus, dass es eine beachtliche Mehrzahl von Menschen sind –, welche Arbeit als etwas Kreatives, etwas Gestalterisches, als sinnvollen Lebensinhalt betrachten, würden beachtliche Innovationsschübe bringen, weil sie eben nicht müssten, sondern frei und ohne Druck arbeiten könnten. Eine solche innovative Wirtschaft würde vermehrt Gewinne generieren und daraus ergäben sich zusätzliche Steuererträge.

Der Staat müsste sich aber so oder so überlegen, ob die Besteuerung von Kapital und Gewinn, von Einkommen und Vermögen eine sinnvolle Einnahmenquelle bleibt, oder ob es andere Quellen gibt, welche weit sinnvoller zu Staatseinnahmen führen. Kerosin besteuern, teure Karossen, Palmölprodukte, Hölzer aus den überlebensnotwendigen Urwäldern, Abfall, Plastik, Abwasser, die zweite und dritte Weltreise pro Jahr, Börsentransaktionen oder Börsengewinne, Rohstoffe und vieles mehr. Der Staat müsste sich ganz einfach nur von der mittelalterlichen Steuergesetzgebung trennen können und nicht immer mehr derselben Gesetze produzieren, sondern sich auf einen neuen Weg zu neuen Horizonten aufmachen.

Politik und Wirtschaft müssten sich auf einen Weg einigen können, ein grundlegend neues Gesellschaftsmodell zu bauen. In Zukunft werden längst nicht mehr alle Menschen Arbeit finden, weil sich die Technik für viele zu schnell entwickelt und gleichzeitig Arbeitsplätze vernichtet. Der Weg in eine Zukunft benötigt neue Besteuerungs- und neue Arbeitsmodelle.

Jeremy Rifkin, der bekannte Wissenschaftler aus Washington D.C und Gründer der „Foundation on Economic Trends" hat das Thema in seinem Buch „Das Ende der Arbeit" recht dramatisch beschrieben. Er weist darauf hin, dass die alte Logik der kapitalistischen Wirtschaftstheorie nicht mehr zutrifft. Er skizziert eine neue, historische Epoche, welche sich durch einen stetigen und unvermeidlichen Rückgang von Arbeitsplätzen auszeichnet. Die Frage lautet für ihn, was mit den weltweit Milliarden von Menschen geschehen soll, welche durch die automatisierte Weltwirtschaft nicht mehr gebraucht werden?

Die Frage kann erweitert werden: Was soll mit den weltweit Milliarden von Menschen geschehen, welche mit dem enormen Tempo der elektronischen und technischen Fortschritte nicht mehr mithalten können?

Hier bekommt der Staat eine gänzlich neue Rolle, ein Thema, welches eigentlich unter dem Kapitel Politik abgehandelt werden müsste, aber besser in diesen Zusammenhang passt. Die Rolle des Staates wird sich künftig weniger im Dienst der Marktwirtschaft bewegen müssen als vielmehr im Dienst der Gemeinschaft, was ja auch seit jeher die Aufgabe von Politik und Staat gewesen wäre. Der Nationalstaat in seiner räumlichen Begrenztheit ist viel zu langsam, um mit der Geschwindigkeit globaler Märkte mithalten zu können. Läutet das Ende der Arbeit und die Vorherrschaft der neoliberalen, globalisierten Wirtschaft auch das Ende der Nationalstaaten ein?

Wenn Wirtschaft und Staat nicht mehr in der Lage sind, eine Gemeinschaft zu erhalten, müssen die Menschen dann notgedrungen wieder neue, lebensfähige Gemeinschaften bilden, als Puffer gegen die unpersönlichen Kräfte des Weltmarktes und gegen das Unvermögen des Regierungsapparates, fragt Jeremy Rifkin.

Diese Fragen von Jeremy Rifkin sind berechtigt und sind auch den „Mächtigen" von Politik und Wirtschaft nicht unbekannt. Daher wird nach Corona der „Great Reset" geplant, ein sehr lobenswertes Ziel. Doch wem dient dieser „Great Reset", für den am kommenden WEF 2021 in Singapur die Grundsteine gelegt werden sollen?

Wenn wir die wichtigsten Partner dieses WEF anschauen, so lässt sich leider vermuten, dass dieser Reset nicht unbedingt einer neuen Gesellschaftsordnung für alle dienen soll. Dies wäre ein ungeheurer Kraftakt, welcher die Zusammenarbeit aller Akteure erfordern würde. Strategische Partner am WEF in Singapur sind aber die Pharmakonzerne AstraZeneca, Novartis, Pfizer, die Bill & Melinda Gates Stiftung, Google, Microsoft, Goldman Sachs und McKinsey.

Ein gelingender „Great Reset" erfordert andere Partner: Soziologen, Ärzte, Umweltwissenschaftler, Vertreter der Jugend und des Alters, Ozeanologen, Meteorologen, Philosophen, Vertreter aus allen Schichten aller Kontinente, Vertreter der Religionsgemeinschaften und viele andere mehr. Das Überleben auf diesem Planeten hängt nicht nur von der Wirtschaft ab.

Bei den jetzt bekannten strategischen Partnern des WEF lässt sich das Hauptthema vermuten: Globale Unternehmen werden Taktgeber der Politik, die Regierungen werden zu Steigbügelhaltern für global agierende Konzerne und der „Great Reset" dient einer digital überwachten Welt und einer ungebremst wachsenden Finanzwirtschaft.

Elon Musk plant die Besiedlung des Planeten Mars. Doch wenn er 1'000 Menschen dort in einer dauerhaften Siedlung unterbringen könnte, wäre dies eine unglaubliche, heute noch unvorstellbare Leistung. Vergessen geht bei diesem ehrgeizigen Plan, dass nebst den 1'000 Auserwählten noch rund 8 Mia. weitere Menschen auf der Erde leben. Wieso wird eine Siedlung auf dem Mars geplant und nicht das Überleben auf der Erde? Ist die Erde schon aufgegeben worden?

Das WEF 2021 ist die letzte Chance für unseren Planeten. Wenn es nicht gelingt, die wirklich anstehenden Probleme zu lösen, wird es langfristig kein Überleben geben, nicht für die 1'000 Bewohner auf dem Mars, schon gar nicht für die 8 Mia. auf der Erde.

Paradigmenwechsel:
Nicht gierig raffen, sondern nachhaltig bewirken

Nicht das, was wir haben, zählt, sondern das, was wir mit unserem Wissen kreativ und nachhaltig bewirken. Eine neue Zeit erfordert neue Lösungen, neue Strukturen und eine neue Kultur. Der „Great Reset", das Ziel des WEF 2021 in Singapur, ist die grosse Chance für die Menschheit, aber nur dann, wenn er nicht den global agierenden und meist gierig raffenden Konzernen und Investoren dient. Die wirklichen Themen unserer Erde sind das Bevölkerungswachstum, die Zerstörung der Erde durch die globalisierte Wirtschaft, die Existenzsicherung der gesamten Erdbevölkerung, eine Umverteilung der Vermögen von denen, die Milliarden scheffeln, zur Finanzierung wirklich anstehender Problemlösungen.

Paradigmenwechsel:
Nicht immer mehr desselben, sondern so viel wie sinnvoll nötig

Immer mehr derselben Produktionssteigerung führt in den Kollaps, bei welchem wir für die Müllhalde produzieren, weil es für die Fülle des „Immer mehr" keine Abnehmer mehr gibt. Die potentiellen Abnehmer sind arbeitslos geworden.

Was kann mein Beitrag zu diesem Thema sein?

Nutze ich meine Bildung im weiten Sinne für die Erhaltung des

Planeten Erde oder nur für die Entwicklung meines Aktiendepots? Gebe ich Wissen weiter, oder horte ich dieses für meine eigenen egoistischen Pläne? Welcher Firma stelle ich mein Wissen zur Verfügung? Unterstützt die von mir gewählte Firma die Gesellschaft, versorgt sie mit notwendigen Gütern und Dienstleistungen oder dient die Firma nur dem Wohle einiger weniger? Verkaufe ich meine Seele für ein hohes Salär oder habe ich den Mut, vielleicht auch anders zu handeln, im Sinne eines nachhaltigen Wirkens?

7. Lebensmittelproduktion, Tierwelt, Menschenmasse

Im 17. Jh. hatte der französische Philosoph Descartes noch die christliche Unterscheidung zwischen Körper und Seele, zwischen Menschen und Tier postuliert. Tiere waren biologische Maschinen, welche Luft und Energie aufnahmen, um Wärme und Bewegung zu produzieren. Als dann die Dampfmaschine erfunden war, trat ernsthaft die Frage auf, ob es sich hier um ein von Menschen geschaffenes Tier handle, da diese Maschine, dem Tier gleich, Luft und Energie aufnahm, um Wärme und Bewegung zu produzieren. Heute können wir nur noch lachen über diese Gedankengänge und doch: Wir sind überhaupt keinen Schritt weitergekommen.

Im Supermarkt kaufen wir ein in Verpackungsmaterialien eingehülltes Kalbssteak und rechnen nach, ob Ware und Preis stimmen kann. Das Preis-Leistungs-Verhältnis, wie man kleinbürgerlich gerne rechnet, ist massgebend. Wir reklamieren, weil es zu viel Fett für den hohen Preis beinhaltet, weil es zu dick oder zu dünn ist, weil das kleinbürgerliche Preis-Leistungs-Verhältnis eben nicht stimmt. Im Restaurant nörgeln wir, weil das Steak zu wenig zart ist, zu gross oder zu klein und nicht dem Standard eines Gourmets entspricht.

Ich vertrete die Ansicht, dass wohl kaum jemand bei diesen Handlungen daran denkt, dass ein Kalbssteak Teil eines totgeschlagenen Tieres ist, das Tierkind einer Mutter, welcher das Kalb nach der Geburt weggenommen wurde. Ein Tierkind, welches abseits der Mutter grossgezogen wurde, ohne Bewegungsmöglichkeit, mit verschiedenen Medikamenten hochgezüchtet, um dann im zarten, hoffnungsvollen Alter geschlachtet zu werden, ohne vom Leben überhaupt etwas gesehen zu haben.

Wir denken nicht an die Schlachtfabriken, in welche täglich zehntausende solcher Tiere hingekarrt und mittels klar durchdachter Produktionsabläufe von „preisgünstigem Humankapital" ermordet und ausgeschlachtet werden. Der Stress der Tiere ist uns egal und die Stresshormone im Fleisch können wir nicht sehen. Tiere sind Maschinen, geist- und seelenlose Fleischbrocken, geboren zum Schlachten. Mit dieser hirn- und seelenlosen Geisteshaltung „fressen" wir genüsslich unser tägliches Fleisch, nörgeln daran herum und geben es zurück, wenn es nicht zart genug ist.

Wir essen nur das Beste, verwerten das Tier nur zu einem kleinen Teil, ein Grossteil ist Abfall, wird zu irgendwas verarbeitet, womöglich zu Tierfutter, Biogas oder wird einfach entsorgt. Plastikabfall, Tierabfall, Elektroschrott, alles dasselbe. Wir spüren kaum, dass uns hier unsere eigene Seele fehlt und uns diese Entfremdung von der Natur, von welcher wir herkommen, krank gemacht hat.

Es gibt „primitive" Volksstämme, welche in den wenigen noch bestehenden Urlandschaften leben. Bevor sie ein Schwein töten, wird das Tier nochmals mit allen Lieblingsspeisen gefüttert, es wird mit Blumen geschmückt und der Dorfälteste erklärt dem Tier, dass es morgen sterben müsse, weil sein Stamm Hunger habe und das Fleisch dem Überleben des Stammes diene. Dann tanzt die Sippe um das Tier und bedankt sich für das Fleisch. Erst am kommenden Morgen wird das Schwein geschlachtet und jedes noch so kleine Fleischstück verwertet.

Natürlich, wie könnten wir bald 8 Milliarden Menschen ernähren, wenn wir um jedes zu schlachtende Tier vorher tanzen würden? Doch diese Geschichte zeigt, wie unsere geistige Haltung von „Alles ist Konsum" entartet ist. Alles ist Konsum, das ganze Universum ist Konsum und dient einzig und alleine ausschliesslich den Menschen. Wir sind wieder im tiefen Mittelalter angekommen, wo die Sonne sich in den Gedanken der Menschen um die Erde drehte.

In unserer „modernen" konsumorientierten Welt ist der Mensch Mittelpunkt des Universums und alles hat sich um seinen Kern zu drehen, zu seinem Wohle, zu seinem Spass, zu seiner Bereicherung. Diese Sichtweise ist viel fataler als diejenige im tiefen Mittelalter. Ob sich die Sonne um die Erde dreht oder umgekehrt, ist für ein Überleben auf einer Welt, in der wir leben, nicht massgebend. Dass sich alles, was auf der Erde lebt, um uns Menschen zu drehen hat, ist ein geistiger Ansatz, der unsere Umwelt und uns selbst vernichten wird.

Eva Meijer schreibt in ihrem Buch „Die Sprachen der Tiere": „Menschen sind aus Ameisensicht nicht allzu intelligent, da sie schlecht zusammenarbeiten, aus Taubensicht nicht, weil das räumliche Sehvermögen wenig ausgeprägt ist, aus Hundesicht nicht, weil unser Geruchssinn nicht zur Orientierung benutzt werden kann." Hunde können über 60 Menschenwörter verstehen und interpretieren,

Menschen verstehen nur „Wau", ausgenommen vielleicht Hundebesitzer. Schimpansen bringen ihren Kindern das Handwerk mit Methoden bei, welche unsere heutigen modernen Pädagogen an der Hochschule erlernen.

Wir vergessen, dass Mensch und Tier ein und dasselbe sind. Als vor vier Milliarden Jahren die Erde entstand und sich aus der Ursuppe die Grundlagen des Lebens entwickelten, da bildeten sich die Bauelemente, aus welchen schlussendlich sowohl der Mensch, das Tier, der Baum, der Apfel, die Wanzen, die Bakterien und Viren entstanden.

Wir sind vom Ursprung her alles Brüder und Schwestern, gebaut für ein Zusammenspiel der Elemente, ein Geben und Nehmen, ein Leben und Sterben. Einzig und alleine die Spezies Mensch ist arrogant geworden, überheblich, berechnend rücksichtslos, raffgierig und sieht sich aus dem Kreislauf der Elemente herausgenommen. Wir führen Tiere zu den Schlachtfabriken, wie wir Beton zum Recyceln bringen.

Ganz zu Beginn des Lebens auf dem neu entstandenen Planeten Erde war die Ernährung kein Morden und Totschlagen. Das war vor ungefähr vier Milliarden Jahren. Die wahrscheinlich ersten oder zumindest frühesten Lebewesen, die Pilze und Algen, lebten und leben heute noch in einer Symbiose, in einem gegenseitigen Geben und Nehmen, in einer Lebensgemeinschaft zum gegenseitigen Nutzen.

In einer bestimmten Umgebung kann der eine Partner nicht ohne den anderen leben. Daher haben sie sich zusammengeschlossen. Der Pilz liefert der Alge günstige Lebensbedingungen, er speichert die Feuchtigkeit, vermindert die Sonneneinstrahlung und ermöglicht der Alge das Überleben. Die Alge liefert im Gegenzug die organischen Substanzen, die der Pilz zum Überleben braucht. Die Symbiose

Alge-Pilz lässt die beiden Lebewesen in Gegenden gedeihen, die sonst für andere Lebewesen nicht bewohnbar sind. Beide haben bis heute überlebt und ernähren sich gegenseitig, ohne sich zu töten. Bei einer Symbiose ziehen unterschiedliche Lebewesen aus dieser Beziehung einen beidseitigen Nutzen.

Symbiose ist nicht nur gut und lässt unterschiedliche Lebewesen gemeinsam, ohne Mord und Totschlag, gross werden. Symbiose erzielt auch eine symbiotische Abhängigkeit, welche es verunmöglicht, eigenverantwortlich zu handeln. Ist das der Grund, weshalb andere Lebensformen entstanden sind und sich für ein „eigenverantwortliches" Leben entschieden?

Eine andere Lebensform sind die Parasiten, welche sich auf Kosten eines anderen Tieres oder einer anderen Pflanze ernähren, in der Regel, ohne diese dabei zu töten (dies gilt nicht für Raubparasiten). Damit unterscheidet sich der Parasit von der Symbiose. Der Parasit kann seinen Wirt (ob Tier oder Pflanze) mehrfach zur Gewinnung von Nahrung nutzen. Ein totes Tier nützt dem Parasiten nichts. Der Parasit lebt im oder auf dem Körper seines Wirtes ein beschränkt eigenständiges Leben und überlässt die Nahrungssuche seinem Wirt, von dem er profitiert. Parasiten gibt es beim Menschen, beim Tier oder bei den Pflanzen.

Eine weitere Lebensform ist der Räuber, der von anderen Lebewesen lebt, seine Beute umbringt und auffrisst. Damit wird klar, der Mensch lebt nicht in einer Symbiose, da er offenbar „eigenverantwortlich" leben will, der Mensch ist auch kein Parasit, sonst würde er sich damit begnügen, die Kuh zu melken und aus den Milchprodukten (Käse, Joghurt, Rahm etc.) zu leben. Mit der Lebensweise eines Parasiten hätten wir es nicht zu unseren Hochkulturen gebracht, weil uns die

Energie zur Schaffung derselben gefehlt hätte. Der Mensch ist ein Räuber, ein brutales Raubtier.

Wir könnten jetzt darüber philosophieren, wieso die Schöpfung diese Vielfalt von Lebensformen geschaffen hat und sich nicht mit der friedlichen Symbiose begnügte. Wieso müssen wir uns gegenseitig auffressen und welche Vorteile haben das Schmarotzer- und Räubertum?

Der Harvard-Biologe Lovelock erklärt es mit einem einzigen Satz: „Unsere Erde ist keine tote Gesteinskugel, welche wir uns untertan machen können, sondern ein gigantischer Organismus, mit einem ausgeklügelten Metabolismus, einem planetarischen Stoffwechsel. Alle Lebewesen auf dem Planeten Erde sind Teil der planetaren Biochemie. Wir nehmen Stoffe und freie Energien aus der Umgebung auf, führen chemische Umwandlungen durch, scheiden Abfallprodukte aus und geben Energie als Wärme ab."

Wir gehören somit einfach zum planetarischen Stoffwechsel und sind nicht mehr und nicht weniger als ein Teil des planetaren Stoffwechsels. Eine ernüchternde Erkenntnis!

Die Erde ist ein einziger Organismus, mit einer Vielfalt von Leben und Lebensformen, in welchem die symbiotischen Beziehungen, die Parasiten, die Viren und Bakterien, das Plankton und der Räuber zusammenspielen, um das Lebewesen Erde am Leben zu erhalten. Wir sind Teil des übergeordneten Organismus Erde. Der Mensch als Räuber hat also in diesem ausgeklügelten Metabolismus den Sinn, diesen höheren Organismus Erde und den Kreislauf der Elemente am Leben zu erhalten, um selber am Leben zu bleiben.

Dieser Kreislauf der Elemente ist an Regeln gebunden. Bezüglich

„Räuber" besteht die Regel, dass die Anzahl Räuber in einem Gebiet immer viel geringer sein muss als die der Beutetiere. Der Mensch hat diese Naturregel massiv verändert. Die Anzahl Beutetiere ist viel geringer als die der Räuber. Um das Überleben der zahlenmässig unverhältnismässig hohen Zahl von Räubern (Menschen) zu gewährleisten, ist der Mensch gehalten, seine Beutetiere auf maschinelle Art zu züchten, zu töten, zu verarbeiten und dies zudem noch gewinnbringend in Form von Kapital.

Damit kommen wir zu einem übergeordneten Problem. Nicht unsere Nahrung und die Herstellung unserer Nahrung stellen das Problem dar, sondern die schiere Masse an Menschen (Räubern), welche den Organismus Erde bevölkern und dessen Kreislauf zerstören. Die Massentierhaltung ist die Folge der Massenproduktion von Menschen. Wenn wir also mit dem Finger auf die Fleischfabriken zeigen, so weisen wir auch auf unsere unverantwortliche Massenproduktion von Menschen hin, welche vielleicht sogar auf einem fatalen religiösen Irrsatz basiert: „Seid fruchtbar und mehret euch und regt euch auf Erden, dass euer viel darauf werden."

Udo Jürgens hat diesen unsinnigen, vermeintlich in der Bibel verankerten Satz kritisch besungen: „Liebe Deinen Nächsten und pflanze Dich fort! Neuer Geburtenweltrekord! Jetzt wird dem Hunger der Welt vorgebeugt! Jetzt wird die nächste Milliarde gezeugt! Noch ist die Show nicht vorbei, noch sind genügend Stehplätze frei: Geht hin und vermehret Euch!" Oder ganz kurz und nüchtern gesagt: Immer mehr desselben ist die Melodie des Todes.

Wir haben ein Problem: Nicht bei der Lebensmittelproduktion, sondern beim Wachstum. Wenn das Wirtschaftswachstum geringer ist als das Bevölkerungswachstum, entsteht Armut, das ist ein grosses

Problem bei vielen Völkern. Wenn das Wirtschaftswachstum höher ist als das Bevölkerungswachstum, entsteht Wohlstand, auch dies führt zu Problemen, weil wir mit dem Wohlstand nicht umgehen können.

Ginge dies nicht auch anders? Nicht, was wir haben (Bevölkerungswachstum, Wirtschaftswachstum), sondern was wir bewirken (das Gleichgewicht) soll Massstab der Spezies Mensch sein. Doch Politik, in Geiselhaft der Wirtschaft, kann hier nichts mehr bewirken, ist befangen und Teil des Wirtschaftswachstums, ein Teil des „Immer mehr desselben".

Ein Weiterleben auf einem mengenmässig kleineren Niveau, sowohl im Wirtschafts- wie auch im Bevölkerungswachstum, muss gelingen, denn unser Planet hat nicht unerschöpfliche Ressourcen für ein unbegrenztes Wachstum. Dieses Gleichgewicht des vom Menschen erzeugten Wachstums erfordert ein hohes Mass an Einsicht, an Kreativität und Bildung, an Führungskraft und Führungsstärke.

Paradigmenwechsel:
Nicht gierig raffen, sondern nachhaltig bewirken
Planen wir unser Überleben oder überlassen wir die Regulierung dem übergeordneten Organismus Erde, welcher die Führung bereits jetzt allmählich übernimmt? Der übergeordnete Organismus Erde wird sich nicht für den Menschen entscheiden, sondern für eine ausgeglichene Biodiversität! Wir können verantwortungsvoll mitgestalten oder untergehen. Wir wären nicht die ersten Lebewesen auf diesem Planeten, welche untergehen! Lohnt es sich, unsere Gier zu zügeln, zugunsten unser aller Überleben?

Paradigmenwechsel:
Nicht immer mehr desselben, sondern so viel wie sinnvoll nötig

Beim heutigen unverantwortlichen Bevölkerungs- und Wirtschaftswachstum wird es offensichtlich, dass ein „Immer mehr desselben"
todbringend ist. Ein weiteres Wachstum im jetzigen Umfang wird
unser Planet nicht aushalten können. „Immer mehr desselben" sind
die letzten Worte des Todes und verunmöglicht jegliche Weiterent-
wicklung, es ist die Zementierung des Bestehenden.

Was kann mein Beitrag zu diesem Thema sein?

Alles, was wir konsumieren, ist aus dem Kreislauf des Organismus
Erde herausgenommen worden, aus einem Organismus, welcher auf
dem Ausgleich zwischen Geben und Nehmen aufgebaut ist.

Wer oder was berechtigen mich, mein Existenzmaximum unaufhörlich in die Höhe zu treiben und dafür Ressourcen zu verschwenden,
welche jenseits jeden vernünftigen Denkens liegen? Sichert mein
Konsumverhalten meine sinnvolle Existenz oder nur die Befriedigung meines übergrossen Egos?

8. Bauwirtschaft, Immobilienbörse, Siedlungspolitik

Da Bevölkerungs- und Wirtschaftswachstum aus dem Ruder gelaufen
sind, ist dies zwangsläufig auch die Bauwirtschaft. Was dabei ver-
heerend ist, die Bauwirtschaft frisst uns, infolge falscher Siedlungs-
planung durch die Politik der 1970er Jahre, jenen Boden unter den
Füssen weg, welchen wir zur Produktion unserer Nahrung benötigen.
Dabei ist festzuhalten: Es ist nicht die Bauwirtschaft. Immer mehr
derselben Weltbevölkerung benötigt nicht nur immer mehr derselben

Nahrung, sondern auch immer mehr desselben Wohnraumes und derselben Infrastruktur.

Der nachfolgende Versuch einer kurzen Baugeschichte mag einen Teil unserer Fehlentwicklung aufzeigen.

Ich habe in Borneo einen Orang Utan gesehen, welcher bei strömendem Regen unter einem Baum hockte und sich mit grossen Blättern ein Regendach über den Kopf gebaut hatte. Das war wohl der Anfang der Bauwirtschaft. Ein Dach über dem Kopf haben.

Die Evolution arbeitete weiter an uns. Wir entdeckten Höhlen, welche uns Schutz vor Wind und Wetter boten. Der Mann ging (als Raubtier) auf Jagd, die Frau sass zuhause in oder vor der Höhle und sorgte für die Verarbeitung der Nahrung, die Entwicklung der Kinder und den Ausbau der „Wohnung". Äste mit Laub vor dem Höhleneingang hielten den Wind ab, Steppengras am Boden machte das Schlafen weicher.

Nach dem Prinzip, dass es immer mehr Beute als Räuber geben muss, zogen die Bewohner weiter, den Tierherden nach. Der Mensch war Nomade und kein dauerhafter Bewohner einer Höhle.

Ich könnte mir vorstellen, dass der Mensch als Räuber eines Tages eine kleine Herde wilder Ziegen verfolgte und diese ungewollt in eine enge, steile Schlucht trieb, wo sie nicht mehr entweichen konnten. Sie sperrten mit Ästen und Steinen die Schlucht ab und hatten damit Fleischvorrat, ohne immer jagen und den Wohnort wechseln zu müssen. Das wäre dann der Weg des Menschen vom Raubtier zum Hirten.

Der Hirte, der auf Wasser und Tierfutter angewiesen war, musste zumindest für eine Weile sesshaft werden. Er baute nach dem Vorbild seiner bisherigen Höhle einen einfachen niedrigen Bau aus Steinen, Holz, Laub und Lehm in der Nähe der gefangenen Ziegen oder am Ufer eines Baches. Die Nomaden wurden sesshaft. Sesshaft werden brachte eine grosse Menge Probleme mit sich, auf welche ich hier, in diesem Zusammenhang, nicht eingehen kann.

Mit der Zeit entstanden Kulturen. Nicht nur ein, sondern mehrere Hirten mit ihren Familien lebten an einem Wasserloch. Man organisierte sich, entdeckte den Ackerbau, der den Menschen an den Boden band und ihn dauerhaft sesshaft machte. Er musste an der gleichen Stelle bleiben, wenn er pflügen, säen und ernten wollte. Es entstanden kleine Dörfer mit mehreren Behausungen, später komfortable Dörfer mit einem Zaun zum Schutz der Siedlungen und der Äcker.

Die Behausungen bestanden aus einem Raum zum Kochen, Essen und Zusammensein und einem kühlen Raum für den Vorrat. Diese Art von Haus findet sich heute noch in weiten Regionen unserer Erde. Die Ger, das Nomadenzelt der Mongolen, das einfache Holzhaus in den sibirischen Weiten, die Lehmhäuser mit Blechdach in vielen Regionen Afrikas, um nur einige zu nennen. Noch um das Jahr 1900 herum bestand die Wohnung einer einfachen Tagelöhnerfamilie in der Schweiz aus einem mit Betten vollgestellten Zimmer, welches für acht Personen zum Schlafen, Wohnen und Essen diente.

Allmählich wurden die Häuser bequemer. Anstatt das Wasser in Erdlöchern oder draussen am Brunnen zu holen, bauten die Menschen Wasserleitungen, welche das Wasser in ihre Behausungen brachte. Das Haus wurde auch zur Festung gegen Aussenstehende, gegen Räuber und Wegelagerer.

Die Baukunst entwickelte sich und wurde ungefähr Ende des Mittelalters zu einem Machtinstrument, besonders eindrucksvoll zu betrachten, unter vielen anderen Beispielen, in Italien im Städtchen San Gimignano. Das Stadtbild ist geprägt durch viele hohe, schmale Wohntürme. Je reicher ein Kaufmann war, desto höher baute er seinen Wohnturm. Unbequem zum Wohnen, denn zwischen Keller zum Wohnzimmer lagen zwanzig Stockwerke. Bauen wurde ein Instrument zum Protzen.

Den Höhepunkt des Protzens im Bauwesen stellte der Sonnenkönig in Frankreich mit seinem Schloss Versailles dar, einem Palast mit tausend Zimmern für den einen einzigen Herrscher und seine Bediensteten.

Diese oberflächliche Entwicklungsgeschichte müsste selbstverständlich noch mit vielen Details ergänzt werden. So verlief zum Beispiel die Entwicklung der Bauten und Häuser nicht linear, sondern in Wellen. Es gab auf den verschiedenen Kontinenten andere Entwicklungen. Ich erinnere an die Pyramiden der Ägypter, an die Bauten der Mayas und Inkas oder an die chinesische Baukunst.

Aber in keiner Gesellschaft der menschlichen Kulturgeschichte war der Wohnungsbau Kapitalanlage. Dieser Schritt weg vom Wohnen, allenfalls auch vom Protzen, zur Kapitalanlage ist ziemlich sicher eine einmalige Entwicklung, die Entwicklung eines aus den Fugen geratenen Kapitalismus.

Unser Geld ist nirgendwo mehr sicher, da wir nie wissen, ob und wann ein Börsenspieler das ganze System ins Wanken bringt. Die Flucht ins Wohneigentum ist die Folge. So entstehen in immer schnellerem Tempo Häuser und Wohnungen. Nicht in erster Linie zum Wohnen, sondern um das Kapital sicher anzulegen. Kapital ist immer weniger ein Wirtschaftswert, sondern eine Spielgrösse im Börsen-Casino. Es ist offensichtlich sicherer, das Geld in Beton, Haus und Wohnung zu investieren als in Börsenpapiere, welche grossen Schwankungen unterworfen sind und in heisser Luft aufgehen können.

Die Evolutionskette des Bauens ist auseinandergebrochen. Bauen hat nichts mehr mit Wohnen, mit Siedlungspolitik, mit Ästhetik zu tun. Immobilien sind Aktien, Immobilien sind Kapitalanlage mit dem einzigen Zweck: Rendite und davon immer mehr derselben.

Die Bilder aus der Zeit des Corona-Lockdowns waren deprimierende Bilder. Nicht wegen der Krankheit an sich, sondern weil die Menschen wie Schlachtvieh nebeneinander und übereinander auf ihren Balkonen hockten, in elenden Betonwüsten, und wie Schimpansen im Zoo mit dem Blechlöffel auf den Blechteller klopfen durften, als Anerkennung für die Ärzte und das Pflegepersonal, welche Überdurchschnittliches leisteten.

Wir sind zu viele geworden und die Art und Weise, wie wir uns zusammenballen, fördert Krankheiten und deren Verbreitung. Wir können nicht mehr jedem Individuum einen Auslauf ermöglichen. Wie Udo Jürgens so schön getextet hat: „Jetzt wird die nächste Milliarde gezeugt! Noch ist die Show nicht vorbei, noch sind genügend Stehplätze frei."

Hat die Bauwirtschaft in diesem Teufelskreis überhaupt eine Chance, menschenwürdige Wohnungen zu bauen, ist genügend Auslauf noch bezahlbar und machbar?

Sowohl der Politik wie auch der Architektur und dem Bauingenieurwesen böte sich hier eine einzigartige Gelegenheit, an nachhaltigen Wohnkulturen zu arbeiten.

Der Staat (ich gehe jetzt von der Schweiz aus, aber auch in vielen anderen Staaten gilt dies) hat in der Siedlungspolitik einen falschen Weg eingeschlagen. Die Landschaft wurde in Zonen aufgeteilt, Bauland, Industrieland, Landwirtschaftsland, Wald. Bau- und Industrieland wurde dabei inmitten fruchtbarer Böden geplant. Es macht den Anschein, dass dabei an nichts gedacht wurde ausser an Wachstum. „Immer mehr desselben." Die Infrastruktur wurde mit der Zonenplanung kaum mitgeplant, sondern entwickelte sich erst nach den überbauten Zonen, teilweise chaotisch. Die Vernichtung der Kulturböden war kein Thema im Rausch des Einzonens. Grösser werden, mächtiger werden, immer mehr desselben.

Das ganz grosse Problem unseres Bauens und unserer Siedlungspolitik, über die eine dringende Debatte notwendig wird, liegt in der erschreckenden Knappheit unserer Kulturböden. Hier lohnt es sich, unseren kleinen Felsbrocken Erde, welcher im Universum um eine winzig kleine Sonne kreist, etwas genauer anzuschauen.

71 % dieses beschränkt kleinen Planeten
ist mit Wasser bedeckt.
5 % sind Taiga, Tundra, Feuchtgebiete.
5 % sind Sandwüsten und Halbwüsten.
5 % sind Felswüsten, felsige, schroffe Berggebiete.
4 % sind Eiswüsten.
4 % sind sauerstoffbildende Urwälder.
6 % sind bewohnbar und für unsere
Lebensmittelproduktion tauglich.
(Das Buch der Erde von Dr. W. Schumann)

Andere Quellen sind pessimistischer und gehen vom sich im Laufe der Jahrmilliarden gebildeten Humus aus. Bei dieser Berechnung sind rund 11 % der festen Erdoberfläche fruchtbares Erdland, das zur Lebensmittelproduktion genutzt werden kann. 11 % von 29 % festem Erdreich sind rund 3 % unseres Planeten. (PM: 1996)

Egal, welche Quelle man auch nutzt, es stehen uns ungefähr 3–6 % des irdischen Bodens zum Überleben und zur Produktion unserer Nahrung zur Verfügung. Alleine dieser Umstand sollte uns schon nachdenklich stimmen. Was aber selbstmörderisch ist: Wir betonieren genau diese 3–6 % des zum Überleben notwendigen Bodens zu, als Wohnraum, als Kapitalanlage, aus Kapitalrenditedenken, weil eine unkontrolliert wachsende Menschheit immer mehr desselben Wohnraums benötigt. Haben wir die Chance vertan, auf unserem Planeten zu überleben?

Die Politik hat es unterlassen, hier korrigierend einzugreifen, wohl deswegen, weil sie nicht gelernt hat, Probleme zu lösen, sondern sie einfach verwaltet oder aussitzt? Politische Parteien, Parlamente, kurz die Politik, spielt den Lobbyisten in die Hände, verliert damit aber die Fähigkeit, das Umfeld neu zu erfinden und zu gestalten. Sie alle verlieren die Sensibilität für die Frage, warum es sich lohnt zu leben und wie dieses Leben nachhaltig und dauerhaft gestaltet werden kann.

Wohnraum könnte beispielsweise auf jenen Böden gebaut werden, welche nicht der Agrarwirtschaft und unserer Nahrungsmittelproduktion, nicht dem Wald für unsere Sauerstoffproduktion, nicht der Erhaltung unserer Biodiversität dienen.

Der dänische Architekt Claus Bonderup hat in den 1980er Jahren einen 90 Quadratmeter grossen Wohnraum voll ins Erdreich eingegraben, mit Öffnungen für Frischluft und Sonnenlicht. Auf dem Wohnhügel über dem Wohnraum entstand wieder eine Blumenwiese, auf welcher Schafe weideten.

Nebst Energieeinsparung, geringer Unterhaltskosten und hoher Sicherheit war ein weiterer Gedanke im Spiel. Wenn wir der Natur schon etwas wegnehmen (Bauland), dann geben wir ihr es nach Abschluss des Bauvorhabens auch wieder zurück, in Form eines Hügels, unter welchem wir wohnen.

1977 hat sich der Architekt Paolo Soleri in Arizona darangemacht, in der Wüste ein Dünenhaus zu bauen. Einzig die Treppe zur Eingangstür blieb sichtbar. Ansonsten blieb die Landschaft in ihrer ursprünglichen Form erhalten. Das Dünenhaus garantierte eine sehr hohe Energieeinsparung, geringe Unterhaltskosten, Leben in der Natur und eine sehr hohe Sicherheit. Eine komfortable Glasfront an der Südseite des Hügels brachte Licht und Wärme in den Bau, das einzige störende Element inmitten der Natur.

Der Gedanke, welcher dieses Bauwerk beflügelte, war, nicht jenes Land zu verbauen, welches unserer Lebensmittelproduktion und unserem Überleben dient, sondern dort zu bauen, wo in unfruchtbarer Wüste neuer Lebensraum gewonnen werden kann.

In unseren Regionen stellt sich die Frage, wieso wir nicht die ungeheuren Flächen an Schienen- und Strassennetzen überdachen und über Schiene und Strasse wohnen? Wir könnten uns die Milliarden an Kosten für Lärmschutzwände ersparen, da der Strassen- und Schienenlärm unter unseren Siedlungen sinnvoll gedämmt würde und gar nicht in unsere Lebensräume dringen könnte.

Die ganze Infrastruktur, Strasse, Schiene, Strom, Wasser und Abwasser, Datenleitungen usf. würden in ein und derselben Röhre geführt, über welcher wir wohnen. Selbst die Tiefgaragen könnten an diese Röhre angeschlossen werden, darüber Terrassenhäuser mit Gärten, Blumenwiesen, Bäumen und Biotopen, welche der ebenfalls dem Tode geweihten Biodiversität neue Überlebenschancen geben würden. Das heute als Bauland vorgesehene Land bliebe frei für die Landwirtschaft.

Die Infrastrukturkosten würden sich jährlich um Milliarden verringern, weil wir nicht dauernd die Strassen neu aufreissen müssten, um wiederum ein neues Kabel zu verlegen. Die Infrastruktur könnte frei zugänglich, in einer entsprechend gestalteten „Infrastruktur-Röhre" unter unseren Häusern erweitert, repariert und ergänzt werden.

Die Wärme, welche in diesen „Infrastruktur-Röhren" anfällt, könnte zur Energiegewinnung benutzt werden. Die Co2-Emmissionen wären in diesen Röhren gefangen und könnten technologisch gereinigt und allenfalls industriell genutzt wieder der Umwelt zurückgegeben werden.

Reine Fantasie oder fehlt uns der Mut und die Intelligenz, anders zu denken als wie gehabt?

Bauwirtschaft und Bautechnologie sind heute fähig, unglaubliche Bauwerke zu erstellen. Unsere Wohnkultur hat eine noch nie dagewesene Qualität erreicht und hat uns damit (unter anderen weiteren Faktoren) ein langes und gesundes Leben ermöglicht. Was uns fehlt, ist die Sensibilität, was wir mit unserem Bauen bewirken. Die Sensibilität für den Raubbau an den 3–6 % unseres lebensspendenden Bodens auf diesem Planeten. Es fehlt uns der Mut, unsere Siedlungspolitik von Grund auf neu und nachhaltig zu überdenken.

Paradigmenwechsel:
Nicht gierig raffen, sondern nachhaltig bewirken
Siedlungspolitik darf nicht mehr der Kapitalanlage und dem monetären Gewinn einiger weniger dienen, sondern einem sinnvollen und komfortablen Wohnen für uns Menschen, unter Berücksichtigung des erschreckend kleinen Anteils an Boden, der unserer Nahrungsproduktion und unserem Überleben dient.

Paradigmenwechsel:
Nicht immer mehr desselben, sondern so viel wie sinnvoll nötig
Immer mehr desselben führt auch in der Bauwirtschaft zum Kollaps, denn immer mehr desselben verhindert die Entwicklung neuer Gedanken, die Gestaltung neuer Lebensräume, die Gestaltung eines zukunftsgerichteten Wohnens und Bauens, einer sinnvollen Siedlungspolitik. Da wäre die Politik gefordert, welche Probleme nicht verwalten, sondern gestalten soll, nicht mit neuen Gesetzesartikeln, sondern mit Taten.

Was kann mein Beitrag zu diesem Thema sein?
Meine Ansprüche und Wünsche sind es, welche die Zukunft unserer Kulturböden und unser Überleben beeinflussen. Ist eine Zweitwohnung für jedermann wirklich sinnvoll?

Die Welt nach Corona – eine Vision

Die Menschen gingen davon aus, dass alles machbar sei, dass uns keine Grenzen gesetzt sind, dass ein Maximierungsprinzip endlos weitergehen könne, auch wenn die Ressourcen auf unserem Planeten endlich sind. Plötzlich erschien ein kleiner, winziger Virus, welcher uns auf einen kleinen, engen Ausgehradius zurückgestuft hat. Plötzlich ging nicht mehr alles und unser bisheriges Verhalten wurde eingeschränkt.

Die Menschheit hat im Corona-Jahr alle erneuerbaren Ressourcen, welche in einem Jahr nachwachsen, bereits im Juli aufgebraucht und lebte von da an auf Pump. Die Zeit, in welcher wir auf Pump leben, wird von Jahr zu Jahr länger.

Sind wir an einem Wendepunkt angekommen? War Corona ein „natürlicher Helfer", welcher uns entschleunigen sollte? Wollte er den Weg bahnen für eine neue Zeitrechnung mit neuen Paradigmen?

Ist es an der Zeit, eine neue Zeitrechnung zu beginnen, das 1. Jahrhundert nach Corona, ein neues Zeitalter mit neuen Jahreszahlen, neuen Konzepten und neuen Wegen in eine nachhaltige Zukunft? Was macht unsere Gesellschaft aus, was macht sie wertvoll, was macht sie lebenswert?

Wenn wir schon jetzt wieder daran arbeiten, so schnell wie nur möglich alles wie bisher gehabt hochzufahren, dann haben wir eine gute Chance auf einen nachhaltigen Neubeginn vertan. Wir erliegen dem Prinzip „Immer mehr desselben und dies in immer schnelleren Zyklen". Wir erbringen uns selber den Beweis, dass wir nicht fähig sind, uns zu erneuern.

Doch: Was gäbe es für Visionen in eine neue, sinnerfülltere Zukunft? Ich erlaube mir, mit einer negativen Vision zu beginnen. Sie erscheint mir wie eine eindringliche Mahnung, wie eine echte, nicht erstrebenswerte Zukunft kommen könnte. Es ist kein Fantasiegebilde, denn diese Zukunft ist in der Natur bereits mehrfach durchgespielt worden. Wir wollen die Wahrheit nur nicht sehen!

Ein mögliches Zukunftsmodell für unsere Gesellschaft: die Bakterien

Die Erde wird für uns zu klein, unser Egoismus und unsere Gier sind zu gross. Unsere Ressourcen erschöpfen sich mit rasanter Geschwindigkeit, weil wir nicht gelernt haben, sie nachhaltig zu nutzen, weil wir nicht aufhören können, immer mehr desselben zu horten und mit Gier zu raffen, weil unsere Spassgesellschaft die Ressourcen nutzt, um zu feiern, zu protzen, zu bluffen und zu prahlen, nicht aber zum Leben, nicht für das Leben, sondern gegen das Leben. Wir suchen unser Glück jährlich zweimal in 10›000 km Entfernung in einem fremden Land, wir benötigen zum Glücklichsein die grösstmögliche Autokarosse, die teuerste Weinflasche, eine Zwölfzimmervilla.

An jedem Tag wächst die Zahl der Menschen auf unserem Planeten um netto 225'000. (Quelle: statista.com). Noch funktioniert die Welt und wir müssen uns mit unserer beschränkten Sichtweise keine Gedanken um unser Überleben machen. Mensch und Bakterie entstammen aus derselben Urzelle und funktionieren daher auch nach denselben Prinzipien. Der Mensch, einer Bakterie gleich, vernichtet seinen eigenen Lebensraum und tanzt jubelnd und feiernd seinem eigenen Ende entgegen.

Hat uns dieser winzig kleine Covid-19-Virus den Hinweis bringen wollen, uns intelligenter zu verhalten als eine Bakterie? Das Wachstum einer Bakterie ist absolut vergleichbar mit unserem Tun und unserer Lebensweise und kann in vier Phasen aufgeteilt werden:

Anlaufphase: Der Abbau der Nährstoffe bildet die Grundlage für das Zellwachstum der Bakterien, vergleichbar mit der Frühzeit des Menschen als Sammler und Jäger. Der Abbau der Nährstoffe ist geringer als das Wachstum der Bakterien, und so war es auch beim Menschen. Der Wildbestand war grösser als der Bestand an Menschen in der Funktion eines Raubtieres.

Exponentielle Phase: Die Bestandsgrösse vervielfacht sich in gleichen Zeitabschnitten um immer denselben Faktor, vergleichbar mit dem Menschen vielleicht bis ins Mittelalter.
Krankheiten und kurze Lebensdauer verhinderten das explosive Wachstum des Menschen.

Stationäre Phase: Nähert sich das System den Kapazitätsgrenzen des zur Verfügung stehenden Raums und der Nährstoffe, nimmt die Anzahl der Bakterienzellen nicht mehr zu. Da wären wir schon vor einigen Jahrzehnten angelangt. Leider pfuscht der Mensch der Natur in die natürlichen Abläufe. Die Kapazitätsgrenze für den Menschen ist auf der Erde erreicht, der Mensch nimmt aber noch immer rasant zu.

Absterbephase: Wenn die Nährstoffe praktisch aufgebraucht sind und die Grösse einer Population in Bezug auf Raum und Fläche erreicht ist, setzt die Absterbephase ein. Die Nährstoffe reichen nicht mehr aus, die Kolonie stirbt. Wir haben im Jahre 2020 die erneuerbaren Ressourcen im Juli schon aufgebraucht, sind also mitten in der Absterbephase drin.

Da wir alle vor rund vier Milliarden Jahren aus derselben Urzelle entstanden sind, müssten für uns dieselben Bedingungen wie für die Bakterien gelten. Ausser wir hätten eine höhere Intelligenz, was wir aber eindeutig nicht haben! Was ist denn Intelligenz? Intelligenz ist nicht universitäres Wissen, sondern Wissen dort erfolgreich einsetzen, wo es notwendig ist, beispielsweise in der Begrenzung des Wachstums!

Wir sind zwar fähig, einen Rover auf dem Mars abzusetzen, welcher uns über Jahre Fotos von seiner Reise über diesen fremden Planeten zur Erde funkt. Wir bringen es aber nicht fertig, auf der Erde eine überlebensfähige Gesellschaft zu gestalten. Wir sind nicht fähig, Wissen dort erfolgreich einzusetzen, wo es notwendig ist. Wir sind trotz allem Fortschritt dumm!!

Wie zwei Propheten haben die Künstler Udo Jürgens und Gitte Haenning unseren Weg in die Zukunft besungen:

Wir tragen die Krone der Schöpfung
eher so, wie einen Karnevalshut.
Besoffen vom Grössenwahn
Fühlt sich die Menschheit an.

Warum wir die Krone der Schöpfung eher wie einen Karnevalshut tragen, hat Gitte Haenning besungen:

Ich will alles, ich will alles
sperr mich nicht ein
ich will nie mehr zu früh zufrieden sein
ich will alles, ich will alles
und zwar sofort.

Unsere Generation, welche immer dachte, alles sei möglich, immer mehr desselben sei die einzige Zukunftsvision, nur wer hat, zählt, nicht der, der etwas bewirkt, diese Generation muss nun plötzlich in Quarantäne leben, sich hinter einer Maske verstecken. Wir haben unser wahres Sein schon längst hinter einer Maske verborgen, der Corona-Virus zeigt nun mit aller Deutlichkeit darauf hin.

Es gibt aber eine positive Zukunftsvision, welche mit einer neuen Denkweise, mit Charakter, mit weniger Egoismus und Gier erreicht werden kann.

Eine Zukunftsvision mit einer neuen Denkweise

Es gibt einen Weg, mit dem die Menschen einen Schritt in die Zukunft schaffen könnten. Es ist aber notwendig, unser Bewusstsein vom „Immer mehr desselben" abzuwenden. Dieser Weg erfordert eine völlig neue Denkweise, erfordert Mut, Umdenken, Verzicht auf immer mehr, Verzicht auf viel Materielles, nicht aber Verzicht auf Lebensfreude.

Diese neue Denkweise fordert jeden Einzelnen

Es erfordert Mut, Abstand zu halten, sich zu demaskieren und seine Gier nach immer mehr zu erkennen. Es erfordert Intelligenz und Kreativität, nicht zu haben, sondern Wirkung zu erzielen und Zusammenhänge zu erkennen. Es erfordert Charakter, in Eigenverantwortung zu leben. Es erfordert Tatkraft, das eigene Leben zu bereichern, sich nützlich zu machen, den Humor des Lebens zu pflegen und die Sucht nach immer mehr derselben zu überwinden. Unser Existenzmaximum darf nicht mehr sein, als uns die Erde jährlich wiederkehrend zu geben bereit ist. Jeder Einzelne muss die Gier und den Egoismus überwinden, zugunsten eines Überlebens auf unserem Planeten.

Diese Tatsache in unser Tun einzubinden erfordert den Charakter, nicht immer mehr haben zu wollen, und die Intelligenz, den Zusammenhang unseres Tuns in Verbindung zu unserem Überleben auf dieser Erde zu verstehen oder zumindest ansatzweise zu begreifen. Dazu ist nicht universitäre Ausbildung notwendig, sondern einzig der Wille und die Tatkraft, etwas verstehen zu wollen.

Dieses „Ich will alles und zwar sofort" abzufangen und in vernünftige Bahnen zu lenken, erfordert, dass wir unser persönliches Existenzmaximum neu überdenken. Wann habe ich mehr, als ich in meinem Leben je sinnvoll verwenden kann? Im Existenzminimum leben zu müssen, ist schmerzhaft und traurig. Über dem Existenzmaximum zu leben, ist in der heutigen Zeit charakterlos, egoistisch und unverantwortlich.

Diese neue Denkweise fordert die Politik

Wir benötigen andere Modelle einer politischen Führung. Die Politik von heute ist ein Auslaufmodell. Diese Behauptung ist keine politikwissenschaftliche Erkenntnis, sondern der provokative Versuch, eine andere Sichtweise anzustossen, welche den Versuch wagt, grundsätzlich neu zu denken. Ohne Provokation bewegt sich die Politik kaum in neue Bahnen.

Die philosophischen Ansätze von René Descartes, dem französischen Philosophen des 17. Jh., könnten bei diesem Versuch eines neuen politischen Modells hilfreich sein. Descartes stellte sich die Frage: Wie finde ich den unbedingten, unerschütterlichen Grund der Wahrheit? Er entschloss sich, an allem, was bisher als gewiss gegolten hatte, zu zweifeln, um so den unbezweifelbaren Boden des Wissens zu finden. Er fand zum heute noch bekannten Grundsatz, dass ich, der ich zweifle, bin. Ich zweifle – ich bin, ich denke – ich bin, oder in der heutigen Form: Ich denke, also bin ich.

Dieses Zweifeln an allem fehlt in der heutigen Zeit, weil wir dazu keine Zeit mehr haben. Doch sind berechtigte Zweifel zwingend und dringend notwendig, um das „Immer mehr des heutigen desselben" zu bezwingen. Wo müssten wir ansetzen, wenn wir den „unbezweifelbaren Boden" der Politik erreichen wollen, wie ihn schon Descartes im Allgemeinen suchte?

Das Menschenbild eines idealen Politikers (auch immer Politikerin gemeint)

Politiker sein bedeutet nicht, seine eigene Selbstdarstellung zu inszenieren. Politiker sein heisst nicht, mächtig und einflussreich zu sein, Politiker sein heisst nicht, an der Spitze eines Imperiums zu sitzen. „Wer unter Euch der Erste sein will, der sei der Diener aller." Ein Zitat aus der christlichen Glaubenslehre (Matthäus) wäre für das Anforderungsprofil eines Politikers hilfreich und gäbe der Politik eine ganz neue Richtung, einen neuen Sinn und Inhalt.

An die Wählbarkeit eines Politikers sind andere Anforderungen zu stellen. Wenn alle Beweggründe von Selbstdarstellung, Profilierungsneurose, Eigennutz und Machtgelüsten entfallen, sind wir einem idealen Profil eines Politikers bereits viel näher. Da die

Unfähigen in der Regel „lauter" sind als die Fähigen, werden vielfach nur die „Unfähigen" wahrgenommen, obwohl es eine grosse Anzahl absolut fähiger Politiker und Persönlichkeiten gibt.

Wie kommen wir also an all die Persönlichkeiten heran, welche uns in die Zukunft führen können?

Die Wählbarkeit eines Politikers (auch immer Politikerin gemeint)

Heute sind es die politischen Parteien, welche Menschen für ein politisches Amt zur Verfügung stellen. Sehr selten sind es Parteilose. Politische Parteien sind aber leider keine Kaderausbildungsinstitute, sondern verbissene Schwarz-weiss-Maler, Vereine, welche nur das Interesse der eigenen Parteidoktrin vor Augen haben, die Anzahl Wählerstimmen, die politische Mehrheit, die Vertretung der eigenen Lobbyisten, den Kampf gegen die andere Partei, welche anders denkt, welche Feind ist.

Für jeden nur denkbaren Beruf wird heute ein Diplom, eine Ausbildung, ein Zeugnis verlangt, nur für die Tätigkeit eines Politikers reicht „Ein-auf-sich-aufmerksam-Machen" in einer politischen Partei.

Im Königreich Bhutan gibt es eine Universität für Politik, welche jeder Parlamentarier durchlaufen muss, bevor er ins königliche Kabinett eintreten kann. Was dort gelehrt wird, entzieht sich meiner Kenntnis. Doch lohnt es sich, dieses Modell weiterzuverfolgen. Eine Politik-Universität mit den Fächern Psychologie, Soziologie, Kommunikation, wissenschaftliche Politik, Ethik, Weltethos, Philosophie, Geschichte und die Lehren daraus, Rechtswissenschaft,

Weltwirtschaft, u. a. m. müsste die machtneutrale Ausbildung angehender Politiker werden. Wer sie durchlaufen hat, darf sich zur Wahl als Politiker bewerben.

Das Zusammenspiel von Politik und Armee dient hier als ausgezeichnetes Beispiel. Selbst der niedrigste Rang eines Offiziers erfordert eine Offiziersschule. Wer höher aufsteigen will, muss verschiedene Schulen und Ausbildungen durchlaufen: strategische Planung, Logistik, Führung und vieles mehr. Es ist ein langer und harter Weg, bis man in die Nähe der Generalsränge gelangt.

Und dann kommt, wie Donald Trump in den USA, ein Immobilienmogul, welcher noch nie etwas von Politik und Armee gehört hat, schon gar nicht von Menschenführung. Er lässt sich, dank seines gewaltigen Vermögens, auf politischem Weg zum Präsidenten wählen und wird Oberbefehlshaber der grössten Armee der Welt. Eine vorgeschriebene politische Bildung für politische Ämter würde diese brandgefährliche Situation gar nicht aufkommen lassen.

Donald Trump ist gutzuschreiben, dass er seit über 80 Jahren der erste Präsident war, welcher keinen neuen Krieg während einer Amtszeit begonnen hat. Für diese aggressive Kriegsnation doch eine beachtliche Leistung, welche, trotz aller negativer Schlagzeilen, von der Geschichtsschreibung positiv gewürdigt werden sollte.

Problemlösung anstelle von Regulierungswut

Die Politik muss sich entwickeln, vom Verwalter der Probleme zum Gestalter einer zukunftsgerichteten Gesellschaft. Die Parlamente verstehen sich in erster Linie als Gesetzesproduktionsmaschinen und verbiegen den Menschen damit, bis er nur noch in Reglementen und Gesetzen denken kann. Doch: Wer die Ziele kennt, braucht nicht täglich neue Arbeitsanweisungen. Wesentlich weniger Gesetze wäre wesentlich mehr Qualität.

Dies erfordert, dass die Politik frei von Lobbyisten an der Frage arbeiten sollte: Was macht unsere Gesellschaft aus, was macht sie wertvoll, was macht sie lebenswert? Sie müsste in erster Linie festlegen, was sinnvoll ist. Welchen Idealen wollen wir folgen?

Dazu benötigt die Politik keine seitenlangen Koalitionsverträge, wie beispielsweise in Deutschland, sondern vielleicht fünf Leitsätze, welche bis zu einem Zieldatum erreicht werden sollen. Ein Satz, ein Ziel. Den Weg zu beschreiben ist unsinnig, denn die Welt verändert sich so schnell, dass – kaum ist die Unterschrift trocken – die Wege wieder anders sein können. Doch das Ziel bleibt.

Der Strassenverkehr dient als gutes und vereinfachtes Beispiel: Autos bauen zu lassen, welche locker 250 km/h fahren und dann die Tempolimits auf 120 km/h anzusetzen, hört sich an wie eine lustige Zirkusnummer. Wenn erwiesenermassen 120 km/h die vertretbare Höchstgeschwindigkeit darstellt, dann dürfen auch keine Autos gebaut werden, welche schneller fahren. Klare Ziele, klare Vorgaben, klar kommuniziert, ersparen tausende von Seiten an Gesetzen, Polizeikontrollen, Gerichtsverfahren und Bussenregister.

Die Innovation würde dann nicht in immer schwerere und schnellere Autos gesetzt, sondern in vernünftige Verkehrsleitsysteme. Leider würden dann die Bussengelder fehlen, welche ziemlich sicher mit ein Ziel dieser unsinnigen Politik sind.

Der Hundertjährige, der aus dem Fenster stieg

Es ist ein herrlicher Roman von Jonas Jonasson. Ein Hundertjähriger, welcher seinen hundertsten Geburtstag nicht im Altersheim feiern wollte und darum aus dem Fenster stieg und verschwand, um anschliessend in unzählige historische Ereignisse verwickelt zu werden. Wie gut lässt sich dieser Roman auf die Politik umschreiben.

Politiker zeichnen sich sehr oft durch ein sehr hohes Alter aus. Alt sein und hohe politische Ämter erhalten scheint in einem direkten Zusammenhang zu stehen. Wie oft steigen „diese Hundertjährigen" in die Politik ein oder verlassen sie nicht?

Was für ein erfrischendes, erfreuliches Bild der 39-jährigen Jacinda Ardern, welche erneut die Wahl zur Premierministerin von Neuseeland geschafft hat. Diese junge Neuseeländerin hat das Leben noch vor sich, ihr Leben und damit auch dasjenige der jungen Generation. Sie wird mit Sicherheit wesentlich engagierter die Zukunft im Sinne eines Überlebens auf unserem Planeten gestalten und weniger die Pfründe sicherstellen wollen, um welche es bei vielen „Hundertjährigen" geht.

Der Schweizer Philosoph und Publizist Ludwig Hasler hat das Thema in vier kurzen Sätzen sehr treffend umschrieben: „Für die junge Generation ist der Wohlstand geschenkt, es ist das Lebenswerk der alten Generation. Für die Jungen ist es eine Art Erbschaft, mit allen Schattenseiten, mit denen sie sich auch herumschlagen muss. Diese Erbschaft ist wie ein geerbtes Haus. Es muss gründlich entrümpelt werden, mit dem Problem, dass die Alten noch darin sind und kräftig mitreden wollen."

Geben wir den Jungen die Chance, ihre Zukunft zu gestalten, nicht nur als Demonstranten auf den Strassen, sondern in allen wichtigen Gremien der Politik. Wenn man ihnen keine Chance gibt, etwas Sinnvolles zu bewirken und zu gestalten, wenn man ihnen nicht zuhören will und den Weg in die Gremien versperrt, wenden sie sich eben anderen Dingen zu.

Damit Jugendliche für ein politisches Amt motiviert werden können, ist ein anderer Zugang zur Politik zu schaffen. Die „antiken" Politparteien haben ausgedient, es sind neue Wege zu finden, welche auch der Jugend als sinnvoll erscheinen. Beispielsweise eine Ausbildung in einer Politik-Akademie, welche, ohne Parteizugehörigkeit, ein Mandat im Parlament ermöglicht.

Zurück zu den Grundprinzipien einer demokratischen Gesellschaft

Im letzten Jahrhundert gelangten die westlichen demokratischen Staaten zur gemeinsamen Überzeugung von grundlegenden Prinzipien einer demokratischen Gemeinwohlkonzeption. Leider bröckeln diese Grundprinzipien und geraten zugunsten der globalisierten Wirtschaft in den Hintergrund. Politik wird zunehmend Wirtschaft oder ist inzwischen bereits Wirtschaft geworden.

Den gesamtgesellschaftlichen Konsens in freiheitlichen Staaten könnte man wie folgt zusammenfassen:

A. Sicherstellung von Sicherheit und Ordnung im innergesellschaftlichen Bezugsgefüge auf der Grundlage von Freiheit, Recht, Gerechtigkeit und Menschenwürde. Polizei und Gerichte schützen die Gesellschaft vor Verbrechen und sind für eine Wahrheitsermittlung ohne psychischen oder physischen Zwang zuständig. Es darf keine grausamen Strafen geben. Prinzipien, auf welche wir vor allem in Europa stolz sein dürfen.

B. Die Daseinsvorsorge und Wohlfahrt der Gesellschaft durch gerechte Verteilung des Sozialproduktes. Soziale Sicherheit und Wohlfahrt für alle. Prinzipien, welche allmählich und schleichend in die Hände der global agierenden Konzerne und Investoren gelegt werden. Der Wohlstand wird immer mehr abhängig von weltweit agierenden Grosskonzernen und deren Forderungen. Die Politik muss hier ihren Einfluss und ihre Führung wieder zurückgewinnen.

C. Die Schaffung von machtmässigen Voraussetzungen, welche die Sicherheit und Unabhängigkeit eines freiheitlichen Gemeinwesens nach aussen garantieren. Die Nichteinmischung in die Angelegenheiten fremder Staaten. Ein Prinzip, welches endgültig gescheitert ist. Selbst die Staatengemeinschaft der Europäischen Union muss klein beigeben, wenn die USA den Bau der Erdgasleitung aus Russland nicht genehmigt. Die amerikanische Sanktionspolitik hat aufgezeigt, es braucht keine Armee, nur gut geplante Sanktionen. Sicherheit und Freiheit des staatlichen Handelns ist definitiv an der Einmischung wirtschaftsstarker Staaten in die Angelegenheiten wirtschaftsschwächerer Staaten gescheitert. Sanktionen widersprechen einer zivilisierten Kultur und müssen weltweit verboten werden.

Anstelle von Sanktionen muss wieder der Dialog kommen, die Diplomatie, der Konsens, die Einsicht, dass es auf der Erde nicht nur eine, sondern sehr viele Kulturen und Denkweisen gibt, welche miteinander leben und auskommen können; miteinander gestalten und sich nicht gegenseitig bekämpfen und so den Fortschritt behindern.

Diese neue Denkweise fordert die Medien

Presse und Medien sind Schöpfer einer von ihnen in die Welt gesetzten scheinbaren Wirklichkeit. Das Wort „scheinbar" ist mir wichtig, denn die Wirklichkeit bestimmen wir selbst, jeder Einzelne von uns. Der Zürcher Tagesanzeiger erscheint auf den Internet-Suchmaschinen mit dem Slogan: „Du bist, was Du liest". Diese Verantwortung gilt es wahrzunehmen. Medienschaffende gestalten und erschaffen eine Wirklichkeit.

Diese Wirklichkeit ist weder Wahrheit noch Wirklichkeit. Sie entspringt aus einer Vielfalt von möglichen Recherchen, aus der Meinung des schreibenden Journalisten, aus der wirtschaftlichen oder politischen Richtung des Verlegers. Medien können uns Lesern helfen, unsere eigene Wahrheit, unsere Wirklichkeit, unser Verhalten zu finden, zu gestalten, zu hinterfragen, allenfalls zu korrigieren.

Die Medien tragen eine ungeheure Verantwortung, denn ihr Wirken hat oft entscheidenden Einfluss auf die Gesellschaft. Sie, die Medien, sind es, welche die Beschlüsse der Regierung unter die Bevölkerung bringen und ihre Darstellung und ihre Kommentare dazu sind es, welche das Volk erreichen. Medien sind das Sprachrohr der Politik. Ohne Medien ist die Politik stumm.

Dasselbe gilt für die Wirtschaft. Ohne Medien ist die Wirtschaft stumm, ein in sich geschlossener Kreis. Die Medien sind es, welche

Entscheide der Konzernleitungen an die Öffentlichkeit bringen und auch kommentieren.

Presse und Medien sind einer Medienethik unterstellt, einem Journalismus, der sich ständig fragt, was er für die Menschen und ihre Freiheit bedeutet. Es beinhaltet die Frage der Verantwortung für das Geschriebene. Da jeder Mensch, auch der/die Journalist(in), seine eigene Wirklichkeit konstruiert, muss sich die Berichterstattung möglichst wertneutral gestalten. Medien müssten vermehrt darauf hinweisen, dass sie nicht Wahrheiten berichten, sondern Sichtweisen, und dass Sichtweisen so vielfältig sind, wie es irdische Kulturen gibt. Medien dürfen nicht trennen, sie müssen Kulturen, Religionen, Staaten und Völker verbinden.

Wenn die westliche Presse immer wieder die völkerrechtswidrige Annektion der Halbinsel Krim durch Russland anprangert, so muss dieselbe Presse auch darauf hinweisen, dass die NATO dieses Verhalten provoziert hat, indem sie die Osterweiterung des Bündnisses an die Grenzen Russlands (Ukraine) forciert hat und damit auf „demokratische Art" die Häfen der russischen Schwarzmeerflotte „eingenommen" hätte.

Es geht um einen Journalismus mit gewaltfreier Kommunikation. Nicht Hass gegen irgendeine Nation schüren, Ost-West gegeneinander ausspielen, sondern nüchtern und wertefrei berichten. Manchmal ist „nicht berichten" wertvoller, als einen parteiischen Schwarzweiss-Bericht zu schreiben. Es geht um die Bildung einer objektiven Volksmeinung.

Der Tagesjournalist steht in einem Zwiespalt zwischen der Langsamkeit des Gewissens und der Schnelligkeit der Aktualität. Nicht für das

Handeln, über das er berichtet, wohl aber für sein eigenes Handeln, trägt der/die Journalist(in) und die Medien die Verantwortung (Huber 1994: S. 192/194).

Wir dürfen uns vor Augen halten, dass im Zeitalter der Fusionen sich bei den Medienkonzernen eine grosse Macht zusammenballt, die nicht zu unterschätzen ist. Auch in demokratischen Ländern wird dies oft schamlos zu politischen oder wirtschaftlichen Zwecken missbraucht.

Medien und insbesondere das Fernsehen könnten ihre Macht ganz anders nutzen. Die Macht, aufzuklären und Menschen und Völker einander näherzubringen. Wenn dies der Politik nicht gelingt, kann es den Medien gelingen!

Wie in der Politik ist auch beim Journalismus die hohe Schule der Berichterstattung gefragt. Nicht das, was der Leser vermeintlich lesen und hören will, nicht das, was der Auftraggeber verbreiten will, nicht die Leser- oder Zuschauerquoten sind Massstab, sondern der Bildungsauftrag, die Hilfestellung, unsere eigene Wahrheit zu finden und dies wertefrei und werteneutral. Journalismus darf nicht in Geiselhaft von Wirtschaft und Politik geraten, von Leseranteilen und Gewinnoptimierung.

Diese neue Denkweise fordert die Wirtschaft

Der Wirtschaftsliberalismus

Der Schlüssel für fast alle Probleme, welche der Wirtschaftsliberalismus mit sich bringt, sind eine immer weiter um sich greifende Deregulierung und Privatisierung. Die staatlichen Notenbanken, welche den Geldumlauf regulieren sollten, haben diese Aufgabe den Hedgefonds-Managern und der Börse überlassen. Der Staat, welcher die Infrastruktur für eine gesunde Bevölkerung bereitstellen sollte, hat diese Aufgabe dem Wirtschaftsliberalismus überlassen, hat Spitäler privatisiert und zu Aktiengesellschaften umgewandelt, welche nicht mehr dem Patienten, sondern dem Aktionär verpflichtet sind.

Bei diesem ökonomischen Imperialismus stellt sich die entscheidende Frage: Darf die Ökonomie alles dominieren? Ist alles, was ökonomisch rational erscheint, auch zum Wohle der Weltgemeinschaft? Dient unser wirtschaftliches Handeln dem Menschen, der Natur und dem Zusammenspiel einer unglaublich reichen Biodiversität oder einzig und alleine den Investoren? Der Markt regelt alles, wie es kleinbürgerlich gerne heisst. Doch zu wessen Gunsten?

Wenn wir die Krone der Schöpfung nicht als Karnevalshut tragen möchten (Udo Jürgens), darf Markt und Wettbewerb nicht zum obersten Ziel menschlichen Tuns werden. Der oberste Wert muss bleiben: Was bewirke(n) ich (wir) mit meinem (unserem) Tun? Mit diesem Bewirken ist nicht die Wirksamkeit unseres Tuns auf unsere Geldbörse gemeint, sondern wie wir die Weltgemeinschaft und das irdische Ökosystem nachhaltig erhalten können.

Wirtschaft und Staat existieren für die Menschen und haben nur in diesem Kontext eine Daseinsberechtigung und dies nur dann, wenn sie gleichzeitig auch Natur, Umwelt und die Vielfalt des übrigen Lebens auf unserem Planeten mitberücksichtigen und schützen.

Der heutige Wirtschaftsliberalismus dient ein paar wenigen Prozenten der Weltbevölkerung, welche sich daran krankhaft und psychosomatisch bereichern. Reichtum ohne Arbeit und Geschäft ohne Moral (Ghandi) bringen die unzähligen Milliarden in deren Kassen. Seltsamerweise fühlen sich Politik und Wirtschaftsverbände diesem Wirtschaftsliberalismus verpflichtet, obwohl er praktisch niemandem dient.

Wirtschaft wird noch immer gleichgesetzt mit Wohlstand für alle und die wenigsten können reflektieren, dass der Begriff Wirtschaft sich nur noch auf einige wenige bezieht. Diejenigen, welche uns Wohlstand beschert haben, die kleinen und mittleren Betriebe, werden vom Wirtschaftsliberalismus zur Strecke gebracht. Welche Wirtschaft sind wir bereit zu unterstützen?

Wirtschaft und Politik müssen wieder klar getrennt werden. Staatliche und wirtschaftliche Institutionen dürfen nicht von Macht und Gier geprägt sein, sondern von der Würde und der Fähigkeit des Menschen, die ihm anvertraute Erde sinnvoll zu gestalten und verantwortungsvoll zu nutzen. Die Wirtschaft hat den Auftrag zu handeln, der Staat, zu überwachen. Die Erde als Lebewesen mit einem sensiblen Zusammenspiel verschiedenster Lebensformen darf nicht Ziel einer wirtschaftsliberalen Ausbeutung und Zerstörung sein.

Die Politik muss wieder Garant für Recht und Ordnung werden und muss sich von der Rolle einer Organisation, welche vor den

Lobbyisten, Spekulanten, Gewinnmaximierungs- und Deregulierungsaposteln kapituliert, trennen.

Religionen dürfen nicht Verwalter und Verkünder sinnloser, veralteter, krankhafter Dogmen bleiben. Sie sind es, welche Ethik in Politik und Wirtschaft bringen könnten. Ethik im Sinne: Alles Leben auf dieser Erde hat Vorrang und darf nicht Spielball eines ökonomischen Imperialismus werden. Der Wald ist nicht Rohstoff und der Mensch nicht Humankapital. Alles ist in sinnvoller gegenseitiger Abhängigkeit und darf massvoll genutzt, nicht aber ausgebeutet und um des Kapitals willen zerstört werden.

Um dies zu erreichen, benötigen wir Führungskräfte in allen Bereichen unserer Gesellschaft, in Wirtschaft, Politik, Wissenschaft, Religionen und Organisationen.

Führung hat aber nichts mit Aktionen und Strategien zu tun, mit Businessplan und sinnlosen Leitbildern. Führung bedeutet Persönlichkeit, Charakter, gründliche Ausbildung, Erfahrung, Integrität, Moralität, Ethik. Die Fähigkeit, Macht sinnvoll zu nutzen, im Sinne eines Weltethos, wie es Hans Küng, der bekannte Theologe aus Tübingen, in seinem Buch „Weltethos" fordert.

Die Auswahl von Führungskräften sollte künftig mehr einem „Ethikrat" unterliegen und nicht den Vertretern geldgieriger Aktionäre und Investoren.

Die Globalisierung

Eines müssen wir uns klar vor Augen halten: Die Globalisierung ist keine „göttliche Vorsehung", kein universales Gesetz, keine kosmische Grösse. Der globalisierte Markt regelt nicht einfach alles, denn hinter dem Markt „verstecken" sich Wirtschaftsbosse, Regierungen, Hedgefonds, Spekulanten. Sie alle sind von Gier oder Angst besessen und denken daher kaum rational.

Oberstes Kriterium des Globalisierungsprozesses ist Kursrekord auf Kursrekord, hoher Gewinn auf noch höheren Gewinn, der Kampf um Marktanteile, der Kampf um Macht und Einflussnahme. Damit wird klar: Globalisierung ist steuerbar!

Doch Regulierungen kommen erst nach Zusammenbrüchen zustande und dann leider auch nur so, dass der bisherige Zustand so schnell wie möglich wieder erreicht werden kann. Wir sind im Leitsatz „Immer mehr desselben" gefangen und haben nicht die Kreativität und die Vorstellungskraft, unsere Weltengemeinschaft anders, sinnvoller zu gestalten. Wir wollen alles, und das sofort.

Verträge gelten, solange sich der Stärkere nicht benachteiligt fühlt. Der Stärkere ist nicht der, welcher Führungsstärke beweist, welcher Ethik und Moralität zeigt, sondern der, welcher die schlagkräftigere Armee besitzt, der, welcher auf willige Mitläufer zählen kann, der, welcher sich die Politik kaufen kann und die Kunst der Sanktionen am besten beherrscht.

Die Globalisierung von Ökonomie und Technologie hat sich der Kontrolle durch eine globale Politik entzogen, schlimmer, die globale Politik ist Triebfeder von globalisierten Wettkämpfen, von globalisiertem

Egoismus geworden. Mensch und Natur, das globale Ökosystem, sind aus den Köpfen der „Führungskräfte" aller Disziplinen verschwunden. Einem einzelnen Staatsmann ist es heute erlaubt, ein „Vabanque-Spiel" mit der Menschheit zu treiben, um den Mächtigen eines Imperiums, dessen Spielball er ist, gerecht zu werden.

Die UNO, welche eigentlich prädestiniert wäre, eine Art Ethikrat zu spielen, wird genau von den Mächten dominiert, welche vom globalisierten Egoismus geprägt sind, die Vetomächte.

Die Globalisierung hat nur dann eine Berechtigung, wenn wir uns auf eine globale Ethik einigen können. Die 193 UNO-Mitgliedstaaten müssen, wenn die UNO demokratisch und neutral für die Weltbevölkerung wirken möchte, mit einer Mehrheit über das Völkerrecht, die Menschenrechte und die globale Ethik abstimmen können. Die Vetomächte gehören abgeschafft, sie sind die Diktatoren der „modernen Welt", ein Überbleibsel aus dem Zweiten Weltkrieg. Einer erneuerten UNO sollen dann auch die Mittel bereitgestellt werden, um die Einhaltung ihrer Beschlüsse durchzusetzen. Dabei wäre zu berücksichtigen, dass nebst westlichen Werten noch eine Vielzahl anderer Werte eine Daseinsberechtigung haben.

Professor Klaus Schwab, Präsident des WEF in Davos, formuliert es so: Die globalisierte Ökonomie darf nicht synonym werden mit einer frei randalierenden Marktwirtschaft, einem Zug ohne Bremsen, welcher Verwüstungen anrichtet.

Wenn das WEF 2021 wirklich einen „Great Reset" erwirken möchte, dann wird es notwendig sein, auch die UNO zu reformieren, wie dies der deutsche Aussenminister Heiko Maas fordert. Eine UNO, welche frei von Vetomächten die Erdbevölkerung vereint und nicht ausgrenzt, eine UNO, welche nicht diktiert, sondern zuhört, welche vermittelt und anerkennt, dass auf der Erde eine Vielzahl von Kulturen und Meinungen möglich sind, eine UNO, welche nicht von den Investoren und deren politischen Vertretern dominiert wird, sondern die Vielfalt von Kulturen und Meinungen bewahren will. Dazu müssen dringend alle Staaten eine Stimme ohne Vetomacht erhalten.

Dabei wäre noch festzuhalten, dass das WEF einen völlig falschen Stellenwert hat und genau das zementiert, was eigentlich aufgeweicht werden sollte, die Erde, welche in Geiselhaft der Wirtschaft genommen wurde.

Die Börse

Die Börse stellt heute den wohl prominentesten Vertreter von Gandhis Todsünden der heutigen Welt dar: „Reichtum ohne Arbeit", „Geschäft ohne Moral".

Die Börse hebelt das System der staatlichen Zentralbanken aus. Jedes Land unseres Planeten besitzt eine Zentralbank zur Überwachung und Regulierung des Finanzwesens. Das im System vorhandene Geld wird durch die Geldmenge und die Umlaufgeschwindigkeit bestimmt. Die Höhe der Geldmenge wird durch die Zentralbank festgelegt und gesteuert. Die Umlaufgeschwindigkeit des Geldes wurde bisher durch die Bankensysteme reguliert.

In den USA vollzog Notenbankchef Greenspan, ein Anhänger der Selbstregulierung, den Aufstieg so genannter Schattenbanken, ein Netzwerk aus Hedgefonds, Private-Equity-Firmen und Ausserbilanzeinheiten, welche abseits des Einflussbereiches der Zentralbank liegen.

Dies führte dazu, dass die Geldumlaufgeschwindigkeit nicht mehr von den Notenbanken bestimmt und kontrolliert wird. Ein Kernbestandteil einer funktionierenden Wirtschaft wurde dem privaten Sektor überlassen und dieser private Sektor ist getrieben von Gier und „Immer mehr desselben" in immer rasanterem Tempo und unterliegt keiner staatlichen Kontrolle mehr.

Die Hedgefonds werden täglich mächtiger und reicher und die Geldmenge nimmt unkontrolliert zu. Komplexe Finanzinstrumente wie Derivate (Warren Buffet nannte sie einmal „Massenvernichtungswaffe") ermöglichten den Schattenbanken Kredite in unvorstellbaren Höhen zu gewähren. Die Schattenbanken haben inzwischen nicht nur die Politik in Geiselhaft genommen, sie unterwandern zunehmend auch die Bankensysteme und alle Bereiche, in denen es Geld zu verdienen gibt. Gandhis Todsünden „Reichtum ohne Arbeit" und „Geschäft ohne Moral" sind zum Prinzip, zum Geschäftsmodell der Finanzwirtschaft geworden und sorgen dafür, dass diese Schattenbanken heute mehr Einfluss haben als die Regierungen.

Die Macht liegt nicht mehr in Regierungshand, sondern bei den Konzernen, Hedgefonds und Schattenbanken. Die Regierungen haben kapituliert und die Regierungsverantwortung und Regierungsmacht dem privaten Sektor überlassen.

Hat Jeremy Rifkin recht, wenn er erklärt, der Nationalstaat in seiner räumlichen Begrenztheit sei viel zu langsam, um mit der Geschwindigkeit globaler Märkte mithalten zu können?

Kann es der Politik gelingen, die Börsen wieder so weit in den Griff zu bekommen, dass zum Beispiel der Börsenindex mit dem Verbrauch natürlich nachwachsender Ressourcen verknüpft wird? Die

Börsenindexe dürfen nicht weiter steigen, wenn der von der Wissenschaft errechnete Ressourcenverbrauch das jährliche natürliche Nachwachsen überschritten hat. Börsengewinne, welche nach den Prinzipien „Reichtum ohne Arbeit" und „Geschäft ohne Moral" entstehen, müssten mit mindestens 50 % besteuert werden, um sinnvolle Projekte, wie die Förderung der Biodiversität, Bildung und Forschung, bedingungsloses Grundeinkommen u. a. m., zu finanzieren.

Wenn Wirtschaft und Staat nicht mehr in der Lage sind, eine Gemeinschaft zu erhalten, müssen die Menschen dann notgedrungen wieder neue lebensfähige Gemeinschaften bilden, als Puffer gegen die unpersönlichen Kräfte des Weltmarktes und gegen das Unvermögen des Regierungsapparates?, fragt sich Jeremy Rifkin.

Schlussbetrachtung

Ein Text aus dem Zen-Buddhismus sagt eigentlich alles aus, was es zum Abschluss dieses Buches zu sagen gibt:

Wenn Du im Sarg noch einmal über Dich und all das nachdenken könntest, was Du Dir in Deinem Leben angehäuft hast, dann würdest Du feststellen, dass nichts davon Dir selber gehörte. Es waren alles nur Spielzeuge, welche Dir für die Zeit Deines Lebens geborgt wurden.

Es gibt noch einen weiteren zentralen Satz: Das Weiterleben nach dem Tode findet vor allem in den Köpfen der Menschen statt, die wir gekannt haben. Die Energien dieser Gedanken bestimmen die Qualität der Schwingungen unserer zusammenhängenden Atome. In diesen Atomen oder Quanten leben wir weiter, als positive Schwingung (Himmel) oder in negativer Schwingung (Hölle).

Zen-Buddhismus ist eine sehr humorvolle und zugleich eine sehr tiefgründige Disziplin, welche durchaus den Theorien der Quantenphysik standhalten kann. Humor ist eine Schwingung, welche nur haben kann, wer über den Dingen steht. Wer sich selber als Mittelpunkt des Universums betrachtet, wird kaum den Humor entwickeln können, welcher unser Leben zu einem erfolgreichen und lebenswerten Spiel macht, welcher die Energien der Gedanken unserer Mitmenschen auch über unseren Tod hinaus in Schwingung hält.

Erfolgreich ist nicht der, welcher sich Kapital und Macht anhäufen konnte, sondern der, der etwas zu einem sinnvollen Überleben auf unserem Planeten beigesteuert hat, jemand, der in seinem Leben das komplexe Zusammenspiel des Lebewesens Erde verstanden und zu dessen Weiterbestehen beigetragen hat, jemand, der seine Mitmenschen zu einem erfüllteren Leben anregen konnte.

Was hat sich denn seit Galileo Galilei geändert, als er entdeckte, dass die Erde nicht der Mittelpunkt des Universums, der Mensch nicht Zentrum und Ziel der Schöpfung sei und er seiner ketzerischen Meinung abschwören musste? Sind wir heute weitergekommen?

Nein, wir stecken noch genau dort, wo die führenden Köpfe des Mittelalters bei den Entdeckungen Galileo Galileis waren und um ihre Vormachtstellung bangten. Im Zentrum unseres heutigen Tuns ist noch immer das Materielle, das Geld, der monetäre Reichtum, die Macht, die Gier, die Spielzeuge, welche uns gar nicht gehören und welche wir nur für die Zeit unseres Lebens geborgt haben. Wir und unser Reichtum sind Zentrum des Universums. Ziel der Schöpfung ist unsere Spassgesellschaft und unser Reichtum.

Pedro Calderon, spanischer Jurist, Offizier und Bühnenautor, welcher von 1600 bis 1681 lebte, schrieb schon damals: „Was ist das Leben? Eine Raserei, eine Illusion, ein Schatten, eine Fiktion? Das grösste Gut ist klein, denn das ganze Leben ist ein Traum!"

Das Leben ist ein Traum, eine Illusion, die Wirklichkeit darnach in Ungewissheit getaucht, mit Bestimmtheit ohne Materielles, ohne Orden, ohne Machtgefüge, für welches wir aber alles opfern, unseren Planeten, unsere Gesundheit, unseren Charakter, unser Leben.

Der moderne Mensch unseres Jahrhunderts möchte ein Leben in Luxus leben, sich gönnen, was er sich ausdenkt, sich verwirklichen, seine Träume ausleben, und dazu wird Geld benötigt, viel Geld.

Diesen Wunsch nach Luxus und „Selbstverwirklichung" möchte ich auch niemandem ausreden. Im Gegenteil, solche Wünsche können auch viel zur Entwicklung unserer Gesellschaft beisteuern. Es ist nicht die Frage, ob dies Sinn macht, sondern vielmehr, wie viel davon Sinn macht und ob unser kurzes Leben nicht zusätzlich noch aus anderen weiteren Werten besteht. Die Selbstverwirklichung liegt nicht 12 Flugstunden entfernt, sondern in meinem Innern.

Viele, welche in Luxus leben, können es nicht geniessen, weil ihr Inneres leer ist und nur mit Luxus aufgefüllt wurde. Wann ist Schluss mit Reichtum sammeln, ab wann habe ich mehr Spielzeuge, als ich zur Verwirklichung meiner Träume benötige? Wo ist das „Existenzmaximum"? Ab wann schade ich der Erde, der Umwelt, der Natur, der Gesellschaft, meinem eigenen Charakter, mit meinem Sammeln von unnützem Reichtum? Wann habe ich so viel, dass ich meine Nachkommen damit belaste, weil sie nicht ihr eigenverantwortliches, eigenbestimmtes Leben leben dürfen, sondern den von den Vorfahren angehäuften Kram verwalten müssen?

Es geht darum, die eigene Rolle als Bühnenspieler des Lebens kritisch zu betrachten. Bin ich eine Figur, welche auf der Bühne des Lebens keinerlei Entwicklung durchmacht, weil die Bühne mit Reichtum, Macht und „Spielzeugen" vollgestopft ist und mir keinen Spielraum offen lässt, mich frei und unbekümmert zu bewegen? Bin ich in meiner Rolle ein Sammler von Spielzeugen, welche ich am Ende des Lebens wieder abgeben muss, oder fülle ich mein Inneres auf, damit es in den Gedanken der Menschen auch über meinen Tod hinaus am Leben bleibt?

Bewege ich mich frei auf einer leeren Bühne und animiere und aktiviere ich meine Zuschauer für ein lebenswertes Leben? Nutze ich den freien Raum der Bühne, um meine Zuschauer zu Lebensfreude oder zum Nachdenken zu bringen, um mich selbst zu entfalten? Was von mir dereinst überleben wird, sind meine positiven und lebensfrohen, lebensbejahenden Bilder, welche in den Köpfen der Menschen weiterleben und die Quanten „des Jenseits" am Schwingen erhalten.

Der grosse und bekannte japanische ZEN-Meister Kodo Sawaki hat einmal gesagt: „Was, Du willst Gesundheit und ein langes Leben? Du musst krank sein!"

Das ist der Humor einer tiefgehenden Philosophie. Was willst du wirklich? Vielleicht lohnt es sich, darüber nachzudenken. Wenn du einfach so in den Tag hineinlebst und frisst, was dir vor die Nase kommt, wenn du nimmst, was es zu nehmen gibt, wenn du raffst und hortest, was es zu horten gibt, ohne dir jemals solche Gedanken zu machen, was du in deinem kurzen Leben wirklich willst, dann ist dein Leben kein echtes Leben. (Kodo Sawaki)

Diese Themen hat ein buddhistischer Mönch während einer Gesprächsrunde mit Kaderleuten aufgegriffen. Er forderte alle auf, sich Gedanken zu machen, was sie tun würden, wenn sie im Lotto CHF 100›000›000 gewonnen hätten. In jeder der acht Nullen wäre Platz frei für einen Wunsch.

Und so begannen alle die Nullen mit Wünschen aufzufüllen: einen rassigen Sportwagen, eine Jacht, eine Villa am Meer, ein Swimmingpool, eine Weltreise, ein Privatflugzeug, eine private Insel in der Südsee, auf den Malediven das Leben geniessen und vieles, vieles mehr.

Der Mönch füllte geduldig die Nullen mit Zeichnungen aus. Am Ende der Runde nahm er lächelnd die Eins weg und all die Nullen hatten keinen Wert mehr. Die Eins also war der wahre Wert.

Doch, wer oder was ist die Eins? Das ist jeder Mensch selbst, der in seine Überlegungen einbeziehen sollte: Wenn du nimmst, was es zu nehmen gibt, ohne dir jemals Gedanken zu machen, was du in deinem kurzen Leben wirklich willst und wer Du wirklich bist, dann ist all der Reichtum, den Du in den Nullen gefangen hältst, sinnlos.

Das Schlusswort zu diesem Buch möchte ich Immanuel Kant und Mahatma Gandhi geben, dem deutschen Philosophen des Mittelalters und dem gewaltfreien neuzeitlichen Politiker Indiens.

Immanuel Kant hat den Satz geprägt: „Habe den Mut, Dich Deines eigenen Verstandes zu bedienen".

Habe den Mut, den Verstand einzusetzen und zu überlegen, was mit dem "Immer mehr" an erspieltem Börsenkapital bewirkt werden soll. Habe den Mut, das für eine Lebensdauer ausgeliehene Spielzeug weiterzugeben, für Projekte, welche einer würdigen Gestaltung und Rettung unseres einmaligen Planeten dienen. Gönnt euch die Erfahrung, „reich" zu sein. Reich im Sinne eines freien Geistes, frei von Gier. Reich im Sinne eines grossartigen Charakters, als Gründer oder Förderer eines Weltethos, welcher uns allen, Mensch und Tier, Pflanzen und Wäldern, dem ganzen Erdball eine würdige Zukunft ermöglicht.

Habe den Mut, den Sessel, an welchem Du klebst, freizugeben und ihn der jungen Generation zu überlassen. Gönnt Euch die Erfahrung, Politiker im Sinne von „polis" zu sein, für das Volk, nicht für die Wirtschaft, nicht für das Verwalten der eigenen Pfründe, nicht für das Gestalten der eigenen Selbstdarstellung, sondern als kreativer, weitsichtiger Mensch, der die Erbschaft weitergibt, zur kreativen Weitergestaltung durch jene, welche noch lange nach uns auf unserem Planeten leben möchten.

Mahatma Gandhi hat uns gezeigt, wie und wo wir den Mut haben sollen, unseren eigenen Verstand einzusetzen, woran wir damit arbeiten und was wir damit vermeiden sollen:

Reichtum ohne Arbeit
Genuss ohne Gewissen
Wissen ohne Charakter
Geschäft ohne Moral
Wissenschaft ohne Menschlichkeit
Religion ohne Opfer
Politik ohne Prinzipien

Ich glaube an den Verstand des Menschen und dass es uns gelingt, nicht zum „Immer mehr desselben" zurückzukehren. Dass es uns gelingt, zu überlegen, was wir nachhaltig bewirken wollen, im Sinne eines Weltethos, als Teil des übergeordneten Organismus Erde, dass es uns gelingt, den Kreislauf der Elemente am Leben zu erhalten, um selber am Leben zu bleiben.

Wir dürfen frei entscheiden. Für die Erde und die Natur spielen unsere Entscheide keine Rolle. Was wir tun, bestimmt unser eigenes Schicksal, nicht dasjenige der Erde. Die Erde wird weiterleben, sich weiterentwickeln. Und wir?